U0927187

• 本书由“教育部人文社会科学研究项目：中国城镇化进程中的农地非农化问题与政策调控的优化路径选择（项目编号：10YJC630103）”、“江苏省高校哲学社会科学重点项目：江苏省新型城镇化进程中的城市治理模式创新研究（项目编号：2015ZDIXM021）资助出版。

快速城镇化进程中的农地非农化问题与政策调控研究

STUDY ON FARMLAND CONVERSION AND POLICY CONTROL ON URBAN-RURAL INTEGRATION

金晶 著

上海三联书店

目　录

图目录

表目录

摘　要

中国的工业化、城市化进程均进入快速推进时期，经济增长、城市扩张和工业聚集所处的特定阶段，都决定了在未来一段时期内，农地特别是耕地的非农化合理占用是适应社会经济发展的一种必然趋势。经济增长过程中的资源损失不可避免，但只要是保证资源利用在“代价性损失”的范围内就是合理的利用。这也提供了协调资源利用与经济发展矛盾的有效途径。20世纪80年代中后期以来，中国政府采取了一系列农地非农化的政策调控，以期改善经济发展与资源利用的“两难”困境，但并没有达到预期的政策效果。那么，适合农地非农化现状的、符合目前中国经济社会发展阶段特征的政策调控体系该如何？应当建立怎样一种政策调控的运行模式，才能在不影响社会经济发展的前提下，合理有效地实现对农地非农化的优化调控。本书通过分析中国农地非农化过程的特点和问题，构建中国农地非农化政策调控的研究框架；以此框架为基点，探求不同政策发展阶段，政策变量演化沿革的特征及其存在的问题，并对各类政策的运行机理和缺陷进行评析，进而深刻把握政策沿革演化对农地非农化影响的一般规律，为改进现行农地非农化政策调控体系提供理论依据。通过上述研究，得出如下研究结论：

第一，农地非农化调控政策体系的建立，应根据特定国家（区域）的农地非农化问题，有针对性的选取适宜的政策工具，进而建立合理的政策调控类型框架。中国农地非农化过程有与一般市场经济国家所不同的特点和问题，因而政策调控类型框架的构建也应反映自身特点并具有一定的针对性。本书提出采用公共规制政策的类型框架构建中国农地非农化政策调控的研究框架，以内生性调控政策解决市场主体行为的外部性问题，以外生性调控政策解决政府行为的外部性问题，综合运用各种规制工具，实现农地非农化的最优外部性解。这一研究框架的建立对有效解决中国农地非农化过程中存在的问题和正确评判现行中国农地非农化政策调控体系，均具有重要的理论价值和研究意义。

第二，农地非农化政策调控工具的选择应适应政策环境阶段性变化的要求。通过对 1949 年～2007 年中国农地非农化调控政策的梳理以及阶段性特征的分析表明：①中国农地非农化政策调控的阶段性特征显著，且与中国社会经济发展状况和农地非农化特点的阶段性变化紧密相关，但政策调控整体框架的协调性有待改善。从政策调控发展的整体脉络而言，中国政府一直较为重视内生性调控政策建设。自改革开放以来四个时期的政策演化特征分析，内生性调控政策逐步经历了“确立→规范→强化→改良”的变迁历程，政策体系相对成熟。其中，又以行政性规制政策的强度和力度最为显著，社会性规制政策次之，而经济性规制政策的力量较弱。与之相对，外生性调控政策的建设相对薄弱，自 2000 年后才受到重视并逐步得到拓展。由此推断，未来中国农地非农化政策调控的改革，应增加经济性规制政策在内生性调控政策中的份额，同时加强外生性调控政策的自身建设，促进政策调控体系的协调、稳定和健康发展。②中国农地非农化的政策调控在控制农地非农转用过程中发挥了一定的积极作用，但政策调控整体框架在适应社会经济发展和农地非农化状况变化的能力方面明显不足。主要表现在两个方面：一是由于政策本身的内在缺陷导致的问题，即内生性调控政策的缺陷导致的政策问题，如：政策的择定扭曲与持续性偏差、利益的产生与政策的适应性变化、政策实际供给的滞后性与短期化倾向；二是由于政策的外生变量导致的问题，即外生性调控政策的缺陷引发的问题，如：政策的双重目标模式与协调的困境、政策执行的悖论的问题。同时值得注意的是，正像同样具有双螺旋结构的遗传基因具有强大的自我复制功能一样，单一方案的解决往往只能起到扬汤止沸的功效。因而对政策问题的解决必须建立在对两大类型政策问题的整合认识的基础上，才能提出恰当可行的中国农地非农化政策调控改良和完善的思路。

第三，农地非农化政策调控工具的选择偏好应适应特定时段政策环境的特殊性要求。政策环境的特殊性会产生相应的政策调控工具的偏好，而政策调控类型框架的调整必须具备对政策环境的政策调控工具选择偏好变化的灵敏度，否则政策调控工具的选择将不能适应政策环境变化的特殊性要求，进而导致政策整体效力的下滑。通过对中国农地非农化内生性调控政策和外生性调控政策的内涵特点、运行机理和实施状况的分析表明：①中国农地非农化的内生性调控政策在控制农地非农化趋势方面发挥了一定的作用；但就政策本身近阶段发展变化的态势而言，内生性调控政策的各类政策在适应新问题、新变化的能力方面显著滞后，政策的类型、标准和量罚措施已越来越不能满足现时段政策环境对政策调控的要求。基于此，内生性调控政策的改革应逐步削弱行政性规制在内生性调控政策中的份额，调整社会性规制的政策导向，加强经济性规制的作用范畴，推进中国农地非农化配置的内生性调控政策从以行政性规制和社会性规制为主导的政策体系逐步向以经济性规制政策为主导的政策体系过渡。②中国农地非农化的外生性调控政策在控制农地非农化趋势方面发挥了良好的作用，但就政策本身近阶段发展变化的态势而言，其对于应付日益复杂的农地非农化政府行为的能力略显不足，基于此，外生性调控政策的改良应加强激励性规制政策的作用范围，推进放松规制政策的探索与实践，建立激励规制与放松规制并举的中国农地非农化外生性调控政策体系。

综上所述，中国农地非农化的政策调控在社会经济发展的特定阶段，为控制农地非农转用趋势发挥了一定的积极作用。但就政策目前的发展状况和态势而言，政策的整体框架在满足政策环境的阶段性特征和政策环境的特殊性要求方面明显不足。因而本文提出从施政理念、政策工具的协调性和政策工具的适应性三个方面进行调试和调整，进而促进政策整体效力的发挥，实现政策对农地非农化的有效调控。

关键词：农地非农化；政策调控；内生性调控政策；外生性调控政策

STUDY ON FARMLAND CONVERSION AND POLICY CONTROL ON URBAN-RURAL INTEGRATION

ABSTRACT

The industrialization and urbanization of China have developed rapidly nowadays. Economic growth, urban expansion and industrial assembly are the characters of development in China. All of this determined that the farmland conversion especially the farmland conversion is unavoidable and must adapt to the economic development in the coming period of time. So the losses of resources are inevitable in the process of economic growth. The usage of the resources which belong to the necessary loss of resources is reasonable usage of resources. It also provides an effective way to coordinate the use of resources and the development of economic. The Chinese government has adopted a series of public policies in farmland conversion field since the late 1980s. The aim of that was to solve the "dilemma" about the use of resources and the development of economic. But they did not achieve the desired effects. So we wonder what is the public policy system which is consistent with the farmland conversion and the economic development in China, and we wonder what is the model to implement them. The paper analyses the mechanism of farmland conversion in China and tried to construct the framework of the public policies about farmland conversion in China considering the characteristics and problems in Chinese land conversion process. On the base of this framework, the paper tries to find the characteristics and problems in different stages of policy development and analyses the mechanism and limitations of different types of the public policies in farmland conversion. A case study was made to evaluate the public policies to the farmland conversion in different development stages. It will be helpful to reform the existing public policy system about farmland conversion by providing some theoretic, according to the general rules that how the policy changes to affect the farmland conversion. Through this study we can reach the following conclusions:

Firstly, the construction of the public policies system in land conversion should consider the characteristic of the land conversion field in targeted country and then to select the appropriate policy instruments to construct a rational policies framework. The land conversion in China is different with that in other market economy countries, so the construction of the policies system should reflect its own characteristics. The author illuminated that we can establish the public policy system of farmland conversion in China based on different types of public regulation. We can use the endogenous regulation policies to solve the external problems in market behaviors and use the exogenous regulation policies to solve the external problems in government behaviors. Finally we can find a conclusion which is that the way to solve the external effects in farmland conversion is public regulation and the ultimate goal is to maximize the efficiency of farmland conversion. The establishment of this framework is helpful to solve the problems in land conversion effectively and to evaluate the existing public policies in land conversion fairly by its theoretical values and disquisitive significance.

Secondly, the implementation methods of the public policies about farmland conversion in China should accord with the characteristics of policy environments in different development stages. Through the analysis of the public policies about farmland conversion in China from 1949 to 2007, we can get such conclusions. ① There have obvious differences in Chinese public policies about farmland conversion allocation in different development stages. It has correlation with the China's social-economical development conditions and the feature of land conversion in different development stages. But the coordination of the whole framework still needs to be improved. We can find that the Chinese government has taken more attention to the construction of the endogenous regulation policy from the evolution of the public policies about farmland conversion. The endogenous regulation policies have experienced an evolution which includes "establishment→standardization→strengthen→improvement" since the reform and opening up. This system was mature correspondingly. The strength and intensity of the administrative regulation policies are the most notable, and the social regulation policies are the second. However, the strength of the economic regulation policies is a little weak. Contrarily, the work to construct the exogenous regulation policies is not very good. The government has paid more attention on it since 2000 than before. So we can get a conclusion that we may pay more attention on the construction of the economic regulation policies and the exogenous regulation policies in the reform of public policies about farmland conversion. ②The public policies about farmland conversion have played a certain role to control the farmland conversion in china. But the overall policy framework still needs to be improved in adapting to social-economical development and the changes in land conversion significantly. On the one hand, they were caused by the inner defect of policy itself that is the defects of the endogenous regulation policies, such as distortion of policy selection, worse sustainability of policies, declined adaptation in policies, lagged and short-time supply of the policies. On the other hand, the problems were caused by external variables of policies that are the defects of the exogenous regulation policies, such as the problems of double goals mode of policy, difficulty in policy coordination, and reverse effect of policy implementation. At the same time it is worth noting that the single regulation can not solve the basic problem in land conversion just as the DNA which has a powerful self-replication. Hence the solution of these problems must be based on the integration of these two types of policy issues. Then we can provide some feasible and appropriate ideas on improving the public policies in Chinese land conversion.

Thirdly, the instruments of public policies in land conversion should adapt to the special requirements in specific development stages. The difference policy environment need difference policy instruments. The adjustment of the policy framework should accord with the changes of the policy instruments in different policy environments. Otherwise the effectiveness of the policy system will declined because the instruments can not adapt to the environment.

Through the analysis of the features, the mechanism and the implementation of both the endogenous regulation policies and the exogenous regulation policies in Chinese land conversion, we can find such conclusions. ①The endogenous regulation policies about farmland conversion has played a certain role to control the trends of farmland conversion in china. But the endogenous regulation policies lagged to adapt to the new problems and new changes. And the types, standards and measures of impunity have become increasingly unable to meet the requirements to control the situation nowadays. So we should reduced the administrative regulation policies, adjust the direction of the social policies regulation policies and strength the economic regulation policies gradually. Then we can promote the transaction that from the administrative and social regulation policies-oriented policy system to the economic regulation policies-oriented policy system in the endogenous regulation policies about farmland conversion in china. ②The exogenous regulation policies about farmland conversion has played a certain role to control the trends of farmland conversion in China. But from the development trend of policy evolution, this type of policy can not adapt to the changes of the government actions in land conversion. So we should strength the incentive regulation policies and promote the research and practice of the deregulation policies. The exogenous regulation policy system which has both the incentive regulation policies and the deregulation policies about the farmland conversion in China should be established.

To sum up, the public policies about farmland conversion allocation have played a certain role to control the farmland conversion in China in the specific economic development stages.

But now the overall framework can not meet the special requirements in specific development stages and specific policy environments. So the paper suggests that we can improve the framework by adjusting the concept of governance, the coordination of the policy instruments and the adaptation of these instruments. Then we can use public policies to control the farmland conversion allocation effectively.

KEY WORDS: farmland conversion; public policies; the endogenous regulation; the exogenous regulation

第一章
导论

1.1 研究背景与意义

党的十六大提出了“统筹城乡经济社会发展”的战略，要求逐步形成“工业与农业相互促进、城市与农村共同繁荣、经济与社会协调发展”，“相互依托、优势互补、以城带乡、以乡促城、共同发展”的城乡关系。城乡统筹要求资源和生产要素自由流动，在市场机制作用下实现城乡之间的优势互补。作为生产要素的农地资源是城乡要素流动依赖的基础，在经济增长中发挥着至关重要的作用。回顾 20 世纪 80 年代以来中国国民生产总值增加量、非农劳动力增长量与耕地非农占用的情况，回归分析表明：在现有工业化和城市化水平下，每增加 1 亿元的国民生产总值，需占用耕地 29 hm^2；每吸纳 1 万个非农劳动力就业需占用耕地 74 hm^2。① 由此可见，现阶段的农地非农化过程仍然是中国工业化、城镇化进程国家资本积累的重要途径，农地资源的合理流动不仅可以实现资源优化配置，促进农地规模经营；而且对于转移农村劳动力，增加农民收入，实现城乡统筹发展，均具有重要意义。

随着国民经济的蓬勃发展，城镇化、区域开发、基础设施建设等

① 刘祯. 对我国农村土地保护现状的实证分析[J]. 北京农业，2007(7)：pp. 63—66.

因素的综合作用导致的农地资源损耗日益加剧，由此引发的外部不经济问题逐渐凸显。据国土资源部统计公报，1994 年～2004 年，全国建设占用耕地 72.13 万 hm^2。[①] 据此趋势测算，目前要保证社会经济发展对占用土地的需要，到 2010 年每年耕地非农化的基本数量在 27 万～42 万 hm^2 之间；到 2030 年中国的耕地非农占用的年均数量为 47 万 hm^2，耕地非农占用的数量将达到 0.2 亿 hm^2 以上。[②] 农地资源作为一种不可替代的自然资源，过度的非农化利用会导致诸多问题，表现为：①粮食安全问题：用于粮食生产的土地面积减少，食物安全受损；②经济安全问题：大量违法违规用地、破坏浪费耕地、开发区和部分地区投资过剩，影响整个经济平稳健康运行；③生态安全问题：农地数量快速减少，大量边际土地被开发，农地过度利用，导致土地退化，生态环境恶化；④社会安全问题：农地非农化意味着农民经济利益的侵害和就业机会的减少，对社会稳定构成潜在威胁。如何协调经济发展与粮食安全、生态和谐、社会安定的关系，保有一定数量和质量的农地以维持经济的可持续发展，是现阶段中国政府面临的重大理论和政策课题。

20 世纪 80 年代中后期以来，中国政府采取了一系列实践行动，以期改善经济发展与资源利用的“两难”困境，如：制定了土地管理法、基本农田保护条例，实施了耕地总量动态平衡、土地用途管制、农地征用管制等等，但这一系列的政策、法规和制度安排并没有达到预期的实施效果。[③] 国内外许多专家学者对此进行了深入研究，结果表明：虽然这些政策的干预空间和措施的影响都发生了显著的变化且不断完善，[④]但这些建立在没有交易成本、结构刚性和理性的完美的

---

① 国土资源部历年《国土资源综合统计年报》计算.

② 国家土地管理局保护耕地专题调研课题组. 近年来中国耕地变化情况及中期发展趋势[J]. 中国社会科学. 1998(1)：pp. 22—29.

③ 钱忠好，中国农地保护：理论与政策分析[J]. 管理世界，2003(10)：pp. 60—70.

④ 钱忠好. 中国农地保护：理论与政策分析[J]. 管理世界，2003(10)：pp. 60—70.

市场基础上的“最优”政策建议，不能在现有能力下有效实施[1][2]，更甚之，可能蜕变为滋生寻租的土壤。[3][4] 为什么目前的政策调控体系不能形成有效的激励和约束机制？是什么原因导致目前政策调控体系的低效率？引发政策调控失效的症结在哪里？这些问题均有待进一步的研究。

公共治理的目标，在于确保具有更大社会和文化价值与效益的资源不被短视的个体行为所不可逆转的损耗。更进一步，在于减轻不符合社会需要的外部性和损害，维护正的外部效应，而且使政府低成本的提供服务。[5] 农地非农化政策调控的核心是建立农地非农化的良好秩序。基本点是利用政策的调控作用，显现农地的社会价值和生态价值，引导土地利用者集约利用土地，协调相关主体之间的利益分配关系，促进农地资源的优化配置，实现经济效率、社会公平和福利最大化。但与此相比，目前中国城乡统筹发展中的农地非农化政策调控，相对于经济发展、社会公平与生态和谐的特殊要求而言还有许多值得探究之处。本书以农地非农化的基本概念和基础理论作为切入点，阐释中国农地非农化政策调控的缘起与演化规律，分析不同政策调控阶段，政策沿革演化的一般特征；剖析现行中国农地非农化政策调控体系的实施状况，并对政策运行绩效进行评价，试图通过了解农地非农化政策调控手段的运行特点，深刻把握现行政策调控体系的问题所在，进而为改良现行农地非农化政策调控体系提供理论依据，从而激励产生提高效率、增强公平和社会福利最大化的土地

---

① 许月明，梁山. 耕地损失的成因及对策研究[J]. 经济问题，1997(11)：pp. 41—44.

② 朱德举，刘秀华. 我国农地保护制度问题分析[J]. 中国土地，1998(8)：pp. 28—30.

③ 郑培，朱道林. 政府耕地保护行为的公共选择理论分析[J]. 中国国土资源经，2005(9)：pp. 10—12.

④ 李明清，吴庆田. 我国农村土地保护机制的缺陷与土地保护信托机制创新研究[J]. 生态经济，2007(2)：pp. 37—41.

⑤ 克劳斯·丹宁格. 促进增长与缓解贫困的土地政策(世界银行丛书)[M]. 北京：中国人民大学出版社，2007.

利用。[①] 而开展这项研究，对提高政府政策调控的执行效率和干预程度，缩小理论研究和实践操作之间的差距，加强政策调控与长期国家战略之间的融合具有十分重要的意义。

1.2 相关概念界定

(1) 农地非农化

农地非农化，是指农用地转变用途，成为居住、交通、工业、商服业等城乡建设用地的过程。所谓农用地是指用于农业生产的全部土地，包括直接农用地和间接农用地。直接农用地包括耕地、园地、林地、牧草地、养殖水面等用地；间接农用地是指排灌沟渠、田间道路、晒谷场、温室、畜舍等生产性建(构)筑物占用的土地。[②]

在中国现行土地制度下，农地非农化的途径(如图 1－1)主要有以下三类：一是国家直接以划拨或出让方式将国有农地(国有农场、林场等)转化为非农建设用地；二是国家首先征用农村集体所有的农

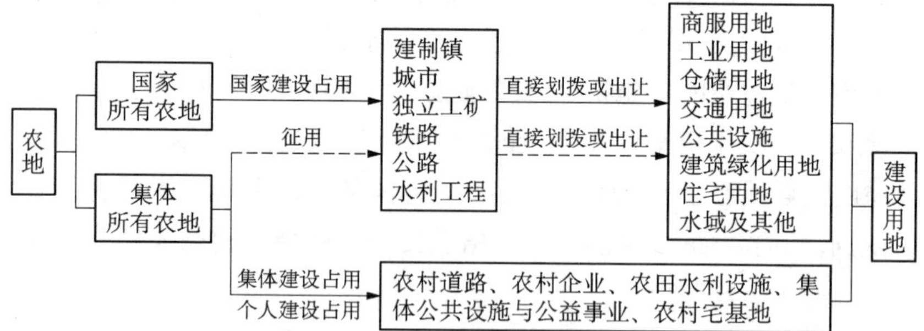

图 1－1 农地非农化的主要途径(虚线箭头为本书的研究范畴)
Fig. 1－1 The main channel of the farmland conversion

---

① 朱奉奎著. 权光男译，土地经济学[M]. 北京：法律出版社. 土地经济学，1991.
② 张宏斌. 农地非农化机制研究[D]. 浙江大学博士学位论文，2001.

地，然后再以划拨或出让的形式把农地转化为非农建设用地；三是集体或个人建设，在不改变集体土地所有权的情况下将农地转化为非农建设用地。本书所指的农地非农化专指以第二种途径实现的农地非农化(即图 1-1 中的虚线所指部分)，因为相比之下，第一种和第三种途径的转化不涉及到土地所有权的转移，且数量较少；第二种途径转化则涉及到土地所有权的转移，且数量很多。

(2) 农地非农化的市场失灵与政府失灵

从理论上讲，农地非农化配置可以依靠市场机制和政府干预来完成。但是无论是市场机制还是政府干预农地非农化过程都会存在不同程度的效率损失，称其为农地非农化的市场失灵和政府失灵。

——农地非农化的市场失灵

西方经济学认为完全竞争的市场机制能够使资源的配置达到最有效率的状态。[①] 但是在农地非农化过程中，受市场本身缺陷和外部条件的限制，市场主体对自身利益最大化的追求并不能导致农地资源配置的社会福利最大化，市场机制失去其优化农地资源配置的作用并因而降低经济运行的效率，称之为“市场失灵”现象。市场失灵是导致农地非农化低效配置的根本原因。

市场失灵分为两种：市场失灵Ⅰ和市场失灵Ⅱ。①市场失灵Ⅰ，是指由于市场内在的功能性缺陷所引起的失灵，是市场机制本身存在难以克服的缺陷而导致资源配置的低效率运行。这是本来意义上的市场失灵，是所谓“真”的市场失灵。当今市场经济成熟国家所普遍存在的市场失灵基本属于此种类型。这种失灵也一直被广泛的用于政府干预市场的主要依据。②市场失灵Ⅱ，指由于市场外部条件缺陷所导致的失灵，这是被拓展了的市场失灵问题，是所谓的“假”的市场失灵，是由于市场经济发展不完善、市场机制不健全，

① 丹尼尔·F. 史普博著. 余晖等译. 管制与市场[M]. 上海：上海三联书店，1999.

或者说缺乏公平高效的市场环境所导致的失灵。这种失灵通常存在于市场经济发育初期的资源配置市场。一般的经济学研究往往侧重于前者，而市场经济起步较晚的转型期国家，往往两种失灵并存。

——农地非农化的政府失灵

公共选择理论认为，政府在力图弥补市场缺陷的过程中，由于政府本身存在的缺陷而导致政府干预经济活动达不到预期效果，或者达到了但成本昂贵并带来负面效应，造成政府行政行为的失败，称之为“政府失灵”①。这意味着政府干预并未真正解决市场失灵中出现的问题（无效干预），或者是政府过度干预影响了市场配置资源的有效性（过度干预），这些状况可能比允许市场自由配置资源的效率还要低。政府失灵也是导致农地非农化低效配置的重要原因。

同时需要关注的是：农地非农化的市场失灵与政府失灵会引发不同程度的效率损失。因而先从理论上区分经济发展过程中两种完全不同性质的农地损失：代价性损失和过度性损失。② 农地代价性损失是指在市场功能完整的条件下，区域经济增长中必需的农地非农化数量，也就是说，这是经济增长必须付出的、合理的代价，这个“合理代价”的标准是土地资源配置达到一个相对自由竞争的市场均衡；同时，土地利用的外部性也被内化。而农地过度性损失是指在经济增长过程中，由于市场失灵和政府失灵引起的本可以避免的农地资源消耗。相应地，我们可以将过度性损失分为两类：过度性损失Ⅰ和过度性损失Ⅱ。过度性损失Ⅰ是指存在市场失灵，即没能将农地利用中的生态环境、食物安全等非市场价值纳入成本效益

① 高培勇，崔军．公共部门经济学［M］．北京：中国人民大学出版社，2001.
② 谭荣，曲福田．资源合理利用与经济可持续发展［J］．自然资源学报，2005/6：pp. 197—205.

决策而使得农地价值低估造成的过多的农地占用或损失；过度性损失Ⅱ是指由于政府失灵，即扭曲土地价格，排斥市场机制对农地的配置而导致对土地资源过度需求而引起的损失。本书的研究重点在于关注政策调控如何解决由市场失灵和政府失灵引发的农地过度性损失问题，即：粮食安全、经济安全、生态安全和社会安全问题。

(3) 政策调控

政策调控的定义是什么？中外学者从不同的视角、不同的层次、不同的方面对公共政策进行界定，得出不同的结论。从现有文献资料来看，政策调控的定义可以划分为以下三种主要类型：

——以威尔逊[①]、伊斯顿[②]为代表的"管理职能"为中心内容的界定：

这类界定强调：政策调控是政府为解决社会发展中的重点问题而实施的管理手段；政策调控是政府从自身利益和公众利益出发的具体管理；政策调控是政府为主的由各种利益个体和群体参与的管理活动。

——以拉斯维尔[③]、安德森[④]为代表的"活动过程"为中心的内容界定：

这类界定强调：政策调控是政府有明确目标的活动；政策调控是政府动用大量资源，通过相关的规定、措施来实施决定的活动过程；政策调控是包括决定、实施等环节在内的具有连续性的活动过程。

---

① 伍启元. 公共政策[M]. 台湾：台湾商务印书局，1985.

② D. East. The Political System [M]. N. Y. :Knopf, 1953.

③ H. D. Lasswell and Kaplan. Power and Society [M]. N. Y. : Mc Grew-Hill Book Co. , 1963.

④ 詹姆斯·安德森. 公共决策，唐亮译[M]. 北京：华夏出版社，1990.

——国内多数学者赞同的“行为准则”[1][2][3]为中心内容的界定：

这类界定强调：政策调控是政府为实现某一目标而制定的谋略；政策调控是引导个人和团体行为的准则；政策调控是管理部门保证社会或某一领域向正确方向发展的行动计划或方案。

综上所述，虽然中外学者从不同视角、不同层面对公共政策进行了界定，但各种观点之间存在一定的共性，本研究更侧重于“行为准则”的定义，即：政策调控是政府在特定时期，为实现或服务于一定的社会、经济和生态目标，利用政策工具，调控、规制社会行为和发展方向，对公共利益进行选择、约束、分配、协调和平衡的活动过程。而这个过程又通过制度、规划、措施和行政命令等具体形式表达出来，形成特定的公共问题的规范集合。

从政策调控的内涵可以看出，政策调控研究关注的是如何将政策理念转化为实际行动。而任何一种政府管理模式的转变和管理方式的改进都需要依赖于一定的政策调控工具或现代化的政策调控手段来实现，即通过对主体行为的引导和调控促使政策思想转变为政策现实。[4] 从这个意义上来说，政策调控工具(government tool)研究是当代政策调控研究的核心内容。[5] 鉴于此，本书对政策调控的研究将围绕政策调控工具(手段)如何调整并改善社会主体的经济行为，进而促使其行为目标向有利于资源优化配置的行为方式转化。

(4)农地非农化的政策调控

本书研究的农地非农化政策调控，是指在农地非农化快速推进

① T. R. Dye. Understanding Public Policy [M]. Englewood Cliffs, N. J.: Pretic-Hall, Inc., 1987.

② 陈庆云. 公共政策分析[M]. 北京:中国经济出版社,2000.

③ 张金马. 政策科学导论[M]. 北京:中国人民大学出版社,1992.

④ 陈振明. 政府治理工具研究与政府管理方式改进[J]. 中国行政管理,2004(6): pp. 43—49.

⑤ 唐娟. 政府治理模式研究[D]. 北京:北京大学博士研究生学位论文. 2001.

时期,政府针对中国农地非农用途转化过程中的“市场失灵”与“政府失灵”问题,所采取的一系列政策调控工具的总称。而这些政策调控工具本身旨在利用政策的协调机理,调整相关主体之间的利益分配关系,引导土地利用者集约利用土地,显现农地的社会价值和生态价值,促进农地资源的优化配置,实现经济效率、社会公平和福利最大化。在中国现行的政策调控框架中,这些政策工具又通过制度、规划、措施和行政命令等具体形式表达出来,形成特定的公共问题的规范集合。

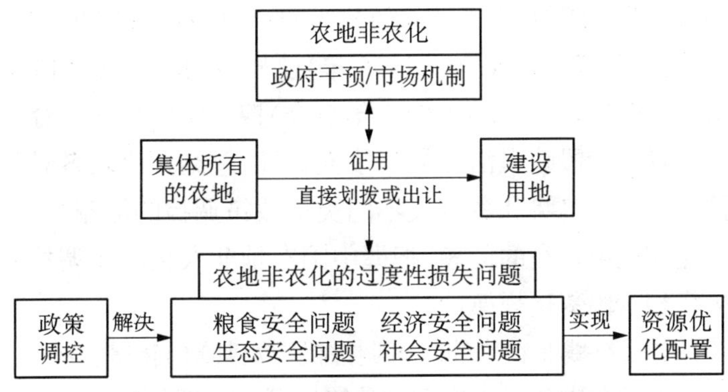

图 1-2　农地非农化政策调控的内涵演示图

Fig. 1-2　The introduction for the meaning of the public policy in farmland conversion

1.3　研究内容

(1) 构建中国农地非农化政策调控研究的基本分析框架

本书通过分析中国农地非农化的市场结构、配置方式和效率损失,阐明中国农地非农化过程中存在的问题,并揭示问题产生的根源——外部性问题。针对由不同资源配置方式引发的资源配置效率损失采用不同的解决方法,依据公共规制政策的类型划分标准,将中国农地非农化的政策调控体系划分为解决市场失灵的内生性调控政策和解决政府失灵的外生性调控政策两大类，进而建立中国农地非农化政策调控体系的类型框架，为研究的进一步深入奠定理论基础。

(2) 中国农地非农化政策调控的形成与演化研究

通过采用文献资料法和归纳分析法，梳理 1949 年至 2007 年中国农地非农化的主要调控政策，描述中国农地非农化政策调控的整体框架，考察政策调控改革的动态变化过程。根据不同阶段政策调控的变化特征将政策发展阶段划分为两大时段：改革开放前、后。同时又将改革后的政策演变历程划分为四小时段：①(1979 年～1989 年)酝酿与准备；②(1990 年～1996 年)建构后的渐变；③(1997 年～2004 年)困顿中的拓展；④(2005 年至今)探索中的反思。分析不同政策调控发展阶段政策沿革的阶段性特征，总结并比较各时段的政策调控总体发展趋势和各时段不同类型政策调控的沿革特点，剖析政策调控演化中存在的问题，把握中国农地非农化政策调控发展的整体脉络和阶段变化规律。

(3) 中国农地非农化的政策调控机理及其缺陷研究

中国农地非农化内生性调控政策的运行机理与缺陷分析。通过将中国现行的行政性规制政策、经济性规制政策和社会性规制政策的运行模式与理论状态进行对比分析，探寻目前政策体系存在的缺陷和面临的问题，从而为内生性调控政策的改进与完善提供理论依据。

中国农地非农化的外生性调控政策的运行机理与缺陷分析。分别阐述了激励性规制政策和放松规制政策的运行机理，并结合中国农地非农化政府型规制政策的有益尝试，选取典型的政策试点为案例，剖析政策实践探索中出现的种种问题，为中国农地非农化的外生性调控政策的改革提供优化方案。

1.4 研究思路与研究方法

1.4.1 研究思路

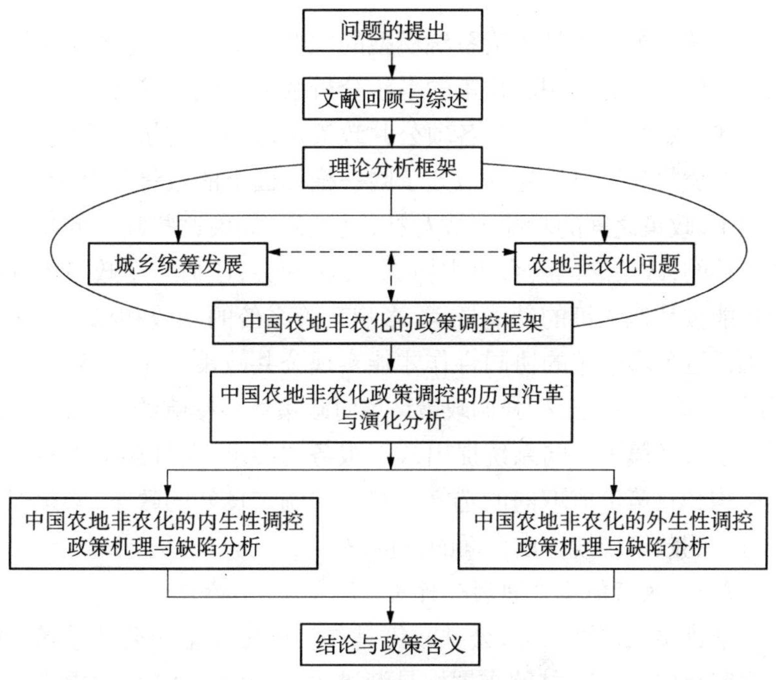

图 1-3 本书的研究框架图

Fig. 1-3 Analysis framework of the thesis

1.4.2 研究方法

1.4.2.1 政策的系统分析法

政治系统模型是美国政治学家戴维·伊斯顿(David Easton)①

① 戴维·伊斯顿. 政治生活的系统分析. 王浦驹等译[M]. 北京:华夏出版社. 1989. p. 33.

在《政治生活的系统分析》一书中首先提出的。他认为:公共政策是作为政治系统的公共政策。政治系统是社会中那些相互关联的机构及其活动组成的体系。政治系统将依据来自环境的要求和支持而做出政策决定。因而必须充分关注公共政策的组成要素及其相互作用机理。

系统分析方法是政策系统模型的主要分析方法,是系统论在公共政策理论中的运用。政策的系统分析强调公共政策体系的概念,认为在一定时空中实施的各项公共政策形成一个有机的系统,一项具体的公共政策总是与其他处于同一横切面上的政策相互衔接,承上启下,政策之间的功能形成互补;反过来,如果这些政策的功能不是互补的,政策之间就会失去协调、发生冲突,任何一个政策的功能都可能被其他政策的功能抵消,影响政策系统的功效和稳定。因而必须通过各项政策的协同合作才能实现公共政策系统的良性运行。同时,政策的系统分析强调政策环境对政策体系影响的概念,认为政策的系统环境不仅向系统提出政策服务的要求,而且还提供政策内容结构和政策价值取向的选择趋势。要制定良好的政策,必须对特定时段的政策环境作出全面的分析。①

1.4.2.2 政策的历史回溯分析法

渐进主义模型认为,公共政策是作为历史变量的公共政策。政治学家查尔斯·E.林德布罗姆是渐进主义的代表人物,他提出:"公共政策是政府过去行为的延续,政策在这种延续中变化发展。"②了解政策的变化与发展过程可以预见政策趋势和发展方向。渐进主义强调对政策发展变化的研究。

政策的历史回溯法是渐进主义模型的典型分析方法,着重从政策发生、发展和演变的机理来研究政策,其主要关注以下几个方面的

① 胡宁生.现代公共政策研究[M].北京:中国社会科学出版社,2000.9.
② (美)查尔斯·E.林德布罗姆.政策制定过程,朱国斌译[M].北京:华夏出版社.1998.

内容:政策制定的总体脉络;政策的发展过程,即政策发展经历了哪几个过程,它是怎么演变过来的;政策制定的由来,政策制定的社会背景分析;政策发展、变化的历史根源是什么;总结评析政策在当时起的作用,进一步分析还存在什么问题。历史回溯分析是一种被动分析的方法。需要将三种不同目的加以分析:以学科研究为目的的分析、以解决问题为目的的分析、以实用为目的的分析三者结合起来,才能全面、有效。

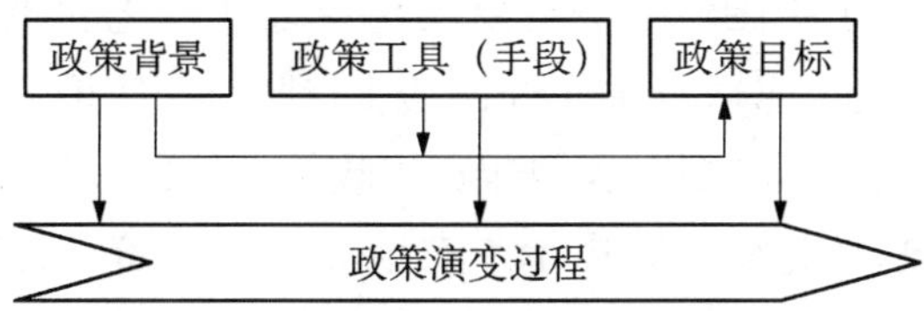

图 1-4 历史回溯型政策分析
Fig. 1-4 The basic framework of the public policies analysis by the history backdate

1.4.2.3 实证分析型和规范分析型政策研究

实证分析型是指研究者对政策(或政策问题)的本来面貌的了解过程,是对政策、政策问题、政策对政策问题的影响方向和影响程度等进行客观描述、观察、计量和推理的过程。该过程回答的问题是:政策问题是怎样的?采取了什么政策?什么时候制定和实施的?效果如何等等。政策研究的实证分析是政策研究的工作起点。实证分析是政策研究中发现基本事实的手段,也是政策制定或调整的必要前提和基础性工作。只有对政策问题有准确的了解,才能把握政策设计或调整的正确目标,制定的政策才有针对性。

规范分析型寻求的是政策的目标和为达到目标采取的行动和手段,正是在规范分析的范畴内,才能确定和创造出待选择的各种政策方案。规范研究回答的问题是:应该确定什么政策目标?应该怎样做才能实现政策目标?它主要应用演绎推理的方法,从抽象的普遍原理出发，得出对特定政策问题的结论。

1.5　可能的创新与不足

研究可能的创新之处：第一，在研究内容上，分析层次从宏观到微观，分析维度从时间到空间，多视角研究中国城乡统筹发展中的农地非农化问题与政策调控机理，构建了中国农地非农化政策调控的基本框架，拓展了中国城乡统筹发展与农地非农化的研究体系。第二，在研究方法上，采取系统分析、历史回溯分析、实证分析与规范分析相结合的方法，阐释中国农地非农化政策调控的发展演化、运行机理和实施绩效，较为深刻的揭示了农地非农化政策调控工具的一般作用规律，为资源配置的政策调控研究提供了新的视角和分析模式。

研究可能的不足之处：第一，由于政策调控研究的理论体系和方法论还不够成熟，本研究也仅作了相应的探索性尝试，理论体系的构建和方法论的探讨还有待于进一步的深入。第二，政策效果评析的最大难点在于无法将政策因素从众多影响因素中剥离出来，即不能排除其他因素对政策研究对象的影响，从而研究结果直接影响了政策效果评析的有效性。这是政策效果评析一直以来无法解决的问题，本书对于农地非农化内生性调控政策和外生性调控政策的评析也存在这一问题。

第二章
文献综述

2.1 国外文献回顾

2.1.1 政策调控视角下的农地非农化问题

在西欧国家,城市化、工业化进入成熟期,土地利用结构急剧变动的时期已经过去,土地利用系统处于相对稳定状态,加上有关农地保护的法律法规比较完善,很少对土地资源数量保护特别是农地资源在不同部门之间的配置进行研究,更多的侧重研究土地质量的改善和土地景观生态的维护,以响应耕地数量变化的态势(Lori Lynch et al, 2001)①,解决土地利用行为变化对农地资源质量与数量的影响及对土地景观生态的保护问题(Van Kooten, 1993②; Graff, J, 1994③)。

在美国,由于人少地多,经济发展与土地资源保护之间没有太突出的矛盾。Harris(1956)认为在美国公共部门为了保证粮食的生产

---

① Lori Lynch et al, 2001: A Relative Efficiency Analysis of Farmland Preservation Programs [J]. Land Economics, Vol. 77, No. 4, pp. 577 - 594.

② Van Kooten. Land Resources Economics and Sustainable Development [M]. UBC Press, 1993.

③ Graff, J. , Soil Conservation and Sustainable Land Use: An Economic Approach [M]. Amersterdam, 1994.

而去保护农地的努力根本没有必要，所以应关注的是城市土地利用所产生的外部不经济，如风景的破坏、城市发展对城郊农业的影响等。他认为农地非农化过程中应注意土地利用规划问题。威尔科克斯(1987)认为土地目前不是美国农业生产的一个重要束缚因素，担心美国在本世纪内缺乏农业生产的土地是没有根据的。美国粮食和纤维委员会(1965)的一份研究农业用地的报告指出："美国有 6.38 亿英亩土地适合于正规耕作，还有 1.69 亿英亩适合于间歇耕作，由于目前只有大约 3 亿英亩土地在耕种，所以在最近的将来显然绝对不会缺少可供耕作的良田。"[①]在从 1950 年到 1980 年，美国的农业产出指数从 73 增加到 122。这种增长并不是靠收获面积的增加，相反的作物收获面积从 1950 年的 3.77 亿英亩[②]，减少到 1978 年的 3.69 亿英亩(Platt，1985)。尽管如此，美国人对于农地向城市流转的影响存在着两种截然不同的看法：迈克尔·T. 查夫曼等学者认为，农地城市流转是一种社会进步的表现，城市扩张并不代表对全国农地供给产生严重威胁。而另一部分学者对城市侵占大量农地的后果进行调查研究，得出三个方面的结论：①未受控制的城市发展是一种经济上的浪费；②城市扩张剥夺了国家的优质农地，迫使开发质量等级偏低的后备农地(边际土地)；③城市蔓延、农地流转是一种明显的美学损坏，对环境或生态系统冲击较大。因而建议美国加强对农地城市流转的控制和对农地实施保护政策，并重点保护全国优质农地，并将农地保护计划适应市场要求(张安录，1998)。人们保护农地的最大理由是出于美学价值(Beattie，Gardner，or Kuminoff，Sokolow and Sumner)。如果农地保护的基本动机是出于美学考虑，假设农地的美学价值是一种奢侈品，则随着社会财富的增加，用于防治农地非农化的资源也会增加(Kuminoff，2001)。在西欧国家，城市化、工业化

---

① 转引自：沃尔特·W. 威尔科克斯. 美国农业经济学[M]. 商务印书馆. 1987.

② 1 英亩＝0.405 公顷.

已进入成熟期，土地利用结构急剧变动已经过去，处于相对稳态结构，加上有关农地保护的法律法规比较完善，很少对土地资源数量保护特别是农地资源在不同部门之间的配置进行研究，更多的是侧重研究土地质量的改善和土地景观生态的维护（D. W. Bromely, 1995）。尽管如此，城市化的过程仍然存在，土地城乡转移导致了主要农地的损失，农业就业机会的减少，灌溉基础设施投资的损失，自然景观生态的退化以及地下水过量的开采（Bryant, et al., 1982; Lockeretz, 1989）。

而在人多地少的亚洲，尤其是经济发展较快的国家，如日本、韩国、印度尼西亚、以色列，一方面人地关系本已紧张，另一方面，伴随经济腾飞，农地资源大量的非农利用，农业生产下降，粮食进口增加，生态环境退化。在这些国家，农地非农化以及农地保护的研究备受重视。主要是将政策取向由农地的数量保护转向农地质量的保持与提高(野口悠纪雄，1997①；朱奉奎，1991②)。

朱奉奎(1991)对韩国工业、农业用地的消长进行比较分析后认为，农地利用的个人利益及社会利益的背离，成为政府干预农地保护或对农地进行分配的直接原因，而土地的用途管制是制止农地过度非农化的重要手段。现实中，韩国就把农地划分为绝对农地及相对农地，较为成功地协调了农地保护与经济快速发展的矛盾。Tommy Firman (2000)则对印度尼西亚经济繁荣与经济危机两个时期的城乡土地转移问题进行对比分析，认为 20 世纪 90 年代印度尼西亚经济快速增长，带动了越来越多的土地转为城市用地，同时由于国家发放了过多的土地开发许可证，造成了大量的土地投机行为；而经济危机的袭击，大量已开发的土地闲置，占用了大量的投资，加剧了经济危机。Maxim Shoshany (2002)研究了以色列 1950～1990 年人口密

① (日)野口悠纪雄. 土地经济学[M]. 北京：商务印书馆. 1997.

② (韩)朱奉奎著. 权光男译，土地经济学[M]. 北京：法律出版社. 土地经济学. 1991.

度变化与建设用地扩张的关系，研究表明相对于人口密度增加的需要，建设用地的扩展超过了所需面积的50%以上；由于最大化国有土地的现实收益与保护国有土地现在与未来公共利益目标的矛盾，以及土地利用的规划限制对私有土地严于国有土地，国有建设用地上人口密度明显低于私有土地；由于没有把握建设用地扩张的规律，现有的土地利用政策并不能达到保护土地的目的。

2.1.2 农地非农化的政策调控绩效

国外学者重点考察不同政策的绩效比较。Kline(1999)等学者建立了 Probit 回归模型，利用观察数据，分析人口增长、收入水平变化、农用地价格、农用地所有权结构、土地利用法、农用地保护区、城市增长界限等因素对土地非农化的影响。结果发现：(1)设立城市增长界限(urban growth boundary)对于土地非农化有明显限制作用；(2)建立农用地保护区可以在一定程度上阻止土地非农化；(3)土地利用法和农用地保护区的交互效应(interaction effect)对土地非农化有抑制作用，但统计上并不显著；(4)土地利用法和城市增长界限的交互效应对土地非农化有显著的抑制作用；(5)农用地价格对土地非农化的影响很小。① Linda Lee(1979)②考察了城乡交错区土地利用变化的影响因素，并利用爱荷华州(美国中西部的一州)Urbandale 市1950～1974 年的数据进行了实证计量模型构建及检验，结果表明，影响土地开发供应量的那些管制性变量对土地非农化的影响是微弱的，这可能与当地没有足够的行政力量应付土地利用的快速变化有关，而近期有关土地发展权转移的政策建议则有可能使行政执行变

---

① Kline, Jeffery D., and Ralph J. Align. Does Land Use Planning Slow the Conversion of Forest and Farm Lands? Growth and Change. 1999/30(winter): 3-22.

② Linda Lee. Factors Affecting Land Use Change at the Urban-Rural Fringe [J]. Growth and Change, 1979/10(4): pp. 25-31.

得复杂化。Sokolow(2000)研究了美国加州首府萨克拉曼多地区城市化、农地流转以及农业发挥发展的关系,研究认为农地非农化的数量与农地保护政策紧密相关,大城市的扩张更能集约的利用土地,而各个地方政府在财政政策、土地利用政策、税收政策等方面的竞争使得从全州的角度来合理调控农地非农化的措施复杂化。由于市地和农地之间的价格差距极大,如在加州的城市化区域内,允许用地建设发展的生地价格是 MYM4000/英亩,相比而言,加州平均的农地价格极低,牧场的价格是 MYM1050/英亩,果园及蔬菜地的价格是 MYM5500/英亩。因此政府对农业的补贴对于提高农地的竞租能力从而减少农地非农化的努力几乎不起作用。① Diane Hite(2002)认为财产税的提高虽然减少了农地转用的总量,但却提高了高质量农地非农转用的概率。经济转型中土地产权以及地方政府自治权力扩大对于农地非农化具有重要的影响。② Wasilewski 和 Krukowski (2002)以波兰华沙和 OLSZTYN 周边地区土地转为住宅用地的情况为例研究了农地非农化的影响因素。作者认为农业生产利润空间的日益减少增加了农民出售土地用于非农用途的兴趣。同时,地方政府获得自治权后更关注于地区的经济发展,为了获得发展的要素,地方政府开始支持农地非农化过程。决策权力的地方化在农地非农化的过程中具有重要的作用。大城市周边的县城往往将土地的非农转用作为区域经济发展的要素以及改善财政收入的途径。由于农民希望能从房地产开发以及新居民的流入中获得经济收益,因此他们会支持农地非农化的过程。但地方政府和农民都不会再注意到农村景观减少对环境的影响。这可能是农民目前的收入很低,任何有助

① Kuminoff, Nicolai V., Alvin D. Sokolow, and Daniel A. Sumner. Farmland Conversion: Perceptions and Realities[R]. University of California Agricultural Issues Brief no. 16, 2001.

② Diane Hite. Property Tax Impacts on the Timing of Land Use Coversion[ED/OL]. http://www. Ageecon. misstate. edu. 2002/12/10.

于改善他们生活条件的途径他们都会接受。Muth(1961)构建了一个理论模型来分析农地的城市流转，他是最早提出农地流转模型的经济学家。他的模型假设在一个类似 vov Thünen 区位论模型的平原中有两个产业间(农业和住宅业)进行用地竞争。在这个平原中，城市围绕着一个同心圆扩张或缩小。Muth 模型表明农产品需求的价格弹性对决定农地和城市用地间的转移方向具有重要作用。Kuminoff(2001)基于 Muth 的假设，构建了一个线性计量模型来研究农地非农化的影响因素。结果表明，城市的因素，如农地与城市边缘接壤长度的大小，城市人口的增长等是农地非农化的主要推动力，而农业收入低的原因并不是农地非农化的主要推动力量，政府的规划管制对于农地非农化的影响在统计上不显著。Tweeten(1998)①用 1949～1992 年的美国州级人口普查数据来模拟农地数量的变化，这里农地数量的变化是农户收入占总收入的比例、农业人口密度以及城市人口密度的函数。Tweeten 发现美国农地非农化 74%的原因是农业因素导致的(农业人口和人均农户收入占总收入的比重)。他的结论是农业经济缺乏活力是农地流失的主要原因，而城市的扩张倒是其次。Tweeten 也注意到不同的地区，各种影响因素的重要性也不同。如在山区和西部的沿海地区以及阿肯色州、新英格兰和佛罗里达州，城市因素的影响力更大。

中国的政策调控也引起了国内外学者的关注。Chengri Ding (2001)②对包括耕地保护等中国土地政策改革效果作了评价，他认为，如何在快速城市化的用地需求和压力与日俱增的耕地保护之间

---

① Tweeten, Luther. Competing for Scarce Land: Food Security and Farmland Preservation[R]. Ohio State University Department of Agricultural, Environmental, and Development Economics, Occasional Paper ESO#2385. August. 1998.

② Chengri Ding: Land policy reform in China: assessment and prospects [J]. Land Use Policy. 2003/20 (2): pp. 109 - 120.

求得平衡，是中国土地政策改革面临的首要挑战。Skinner et al (2001)①从地方政府管制角度研究了经济快速发展对中国农地保护的影响，初步构建了一个有关耕地保护对农村工业化、环境与社会影响的区域响应的分析框架，以浙江省湖州市为案例的研究发现，在耕地保护的区域响应中地方政府的优先开发权与中央政府下达的耕地保有指标具有同等程度的影响，而且经济转型中由于地方行政分权和地方经济利益的影响，地方政府继续致力于通过耕地损失和退化来取得经济快速增长所需的土地。

2.2 国内文献回顾

2.2.1 政策调控视角下的中国农地非农化问题

大部分的研究认为，农地非农化是一个不可避免的现象，随着经济的发展，农地非农化将会有加速的趋势。陈奉瑶(1996)②认为提高农地使用的边际收益是降低农地非农化速度的主要手段。提高农地使用的边际收益可以通过提高农地产值及降低农业生产成本两方面来实现。但由于受自然条件的约束，以及劳动力机会成本的提高，提高农地边际收益困难重重，因此农地非农化的趋势将不可避免。鲁明中(1996)③通过对我国东中西部 1952～1994 年耕地面积净减少的区域比较，认为随着我国经济发展战略从东部向中西部转移，中部和西部地区耕地减少的速度会相应加快。摆万奇(2000)④在分析深圳市土地利用变化与驱动力的基础上，将城镇用地与耕地和工业投资、

① Mark W . Skinner et al: Agricultural land protection in China: a case of local governance in Zhejiang Province [J]. Land Use Policy, 2001(18): pp. 329 - 340.

② 陈奉瑶，台湾地区实施农地变更管制之研究[M]. 城市土地利用和农地保护. 96 海峡两岸土地学术研究会. 1996.

③ 鲁明中，尹昌斌，韩威. 我国经济发展与耕地占用[J]. 管理世界. 1996(5): pp. 170—174.

④ 摆万奇. 深圳市土地利用动态趋势分析. [J]. 自然资源学报. 2000, 2:112—116.

人口增长、收入水平、水资源状况等主要驱动力纳入统一的总体结构中，采用系统动力学的方法，定量的描述它们的动态关系。模拟结果显示，城镇用地的长期变化趋势是一种“S”型的增长规律，从1980年至2030年是城镇用地变化的快速增长阶段。耕地的变化趋势是持续下降，并逐渐消失。曲福田、陈江龙(2001)①比较了海峡两岸经济成长阶段农地非农化的趋势，认为两岸农地非农化都有加速的趋势，但原因不同，台湾是放松对土地管制的结果，大陆则是在严格的耕地保护政策下，由经济发展的强大需求引致的。陈江龙、曲福田(2003)②以经济发达地区江苏省江阴市为例，运用马尔柯夫链的理论与方法，构建土地利用结构转移的概率矩阵，预测江阴市未来的土地利用结构。模拟结果表明，经济发达地区土地利用结构变化存在非农化趋势加快的特征。2002年国土资源部的一个调查表明随着经济的快速发展，城市扩张速度加快，各类经济园区数量和规模都在扩大，高教改革和发展中出现的“大学城”等导致非农用地需求的扩张，农地非农化的速度加快。③

国内的研究普遍认为农地非农化是经济发展的客观要求，关键是要有一个合理的限度。王万茂(1997)④从理论上提出了一个解决粮食安全与经济建设所需用地的土地资源最优利用方案，即 $MRSA\quad XY = MRT_{XY} = MRSB\quad XY$，其中MRS是边际替代率，MRT是边际转换率。陈奉瑶(1996)⑤认为，在土地数量有限的情况下，不同用途的边际收益相等时，土地资源达到了最佳配置。诸培

---

① 曲福田、陈江龙. 两岸经济成长阶段农地非农化比较研究. [J]. 中国土地科学. 2001, 6:5—9.

② 曲福田、陈江龙. 两岸经济成长阶段农地非农化比较研究. [J]. 中国土地科学. 2001, 6:5—9.

③ 部耕地保护与经济发展关系调研组. 当前经济建设中的若干新情况与土地利用管理及耕地保护政策调研报告[J]. 国土资源通讯. 2002(12): pp. 37—43.

④ 王万茂. 土地资源部门间分配与耕地保护[J]. 经济研究. 1997(2): pp. 23—27.

⑤ 陈奉瑶，台湾地区实施农地变更管制之研究[M]. 城市土地利用和农地保护. 96海峡两岸土地学术研究会. 1996.

新、曲福田(2002)[1]根据可耗竭性资源理论,构建了耕地资源在农业部门和非农业部门配置的最优决策模型,并通过模型的分析,提出耕地资源在农业部门和非农业部门之间最优配置的两个条件,即,①只有当耕地非农化的边际收益等于边际成本[2]时,才能确定社会最优耕地非农化的量;②耕地资源保有量的边际福利等于边际成本时,才能确定相应当最优耕地资源保有量。在实证研究方面,尚启军(1995)提出若以耕地面积减少迟于农业劳动力减少作为判断标准,那么我国耕地面积减少严重超前,农地非农化严重过度。以城市用地增长弹性系数[3]为判断标准,既有的研究认为我国的城市用地扩张具有过速的倾向[4][5]。

大量研究结果显示,中国农地非农化过程中存在“市场失灵”和“政府失灵”问题。农地资源不仅具有生态功能(经济效益),而且具有生态服务功能(生态效益)和社会保障功能(社会效益)。而市场机制大多只关注经济效益,生态效益和社会效益对市场来说是所谓的“外部性”效益,从而形成农地非农化配置中的“市场失灵”问题(杨国良,1995[6];张安录,2000[7];蔡运龙,2001[8];贾生华、张宏斌,2002[9])。如:黄烈佳、张安录(2006)[10]研究认为:从资源环境价值观的角度分析

---

① 诸培新、曲福田. 耕地资源非农化配置的经济学分析[J]. 中国土地科学. 2002(5): pp. 14—17.

② 边际成本包括农业价值损失、环境价值损失、转为非农用地的开发成本和边际使用成本.

③ 城市用地增长弹性系数=城市用地增长率/城市人口增长率.

④ 部耕地保护与经济发展关系调研组. 当前经济建设中的若干新情况与土地利用管理及耕地保护政策调研报告[J]. 国土资源通讯. 2002(12): pp. 37—43.

⑤ 邓世文等. 珠江三角洲城镇建设用地增长分析. [J]. 经济地理. 1999, 4:80—84.

⑥ 杨国良,彭鹏. 农业发展与土地非农化[J]. 资源科学. 1996(1): pp. 36—40.

⑦ 张安录,毛泓. 农地城市流转途径、方式及特征[J]. 地理学与国土研究. 2000(2): pp. 17—22.

⑧ 蔡运龙. 中国农村转型与耕地保护机制[J]. 地理科学. 2001(1): pp. 1—6.

⑨ 贾生华,张宏斌. 中国农地非农化过程与机制实证研究[M]. 上海:上海交通大学出版社. 2002.

⑩ 黄烈佳,张安录. 农地价值与农地城市流转决策若干问题探讨[J]. 地理与地理信息科学. 2006(2): pp. 88—91.

农地不仅具有市场价值，而且具有巨大的非市场价值。但长期以来，人们对农地的认识仅仅是其生产价值(即经济价值的一部分)，而忽略了农地保护的正外部性以及流转的负外部性，这是造成城市化、工业化发展过程中农地大量向城市转移的关键因素。同时，“政府失灵”问题也普遍存在，如：蔡运龙(2002)①、贾生华(2002)②等研究认为，政府凭借对土地市场的垄断获取了耕地非农化中耕地收益的大部分。郑培(2005)③运用公共选择理论分析认为，地方政府公共决策失效、政府的内部性和寻租行为等会导致农地保护中的政府失灵。郑振源(2000)④从理论上讨论了征地权滥用的现象，汪晖(2002)⑤以浙江杭州的城乡结合部为例，对此进行了实证研究。同时，造成“政府失灵”的原因还有土地产权不清晰；政府和市场的调节范围不清；土地市场化程度不高；政府和农民间缺乏势力平衡机制；土地收益制度不合理；土地管理体制缺陷；土地规划实施体制欠完善；地方政府违法成本低等(蔡运龙，2002⑥；曾永昌，2004⑦；候东民，2002⑧；曲福田，2004⑨；邓大才，2004⑩)。

而“市场失灵”和“政府失灵”的存在为政策调控的界入提供了契

① 蔡运龙. 中国农村转型与耕地保护机制[J]. 地理科学. 2001(1)：pp. 1—6.

② 贾生华，张宏斌. 中国农地非农化过程与机制实证研究[M]. 上海：上海交通大学出版社. 2002.

③ 郑培，朱道林. 政府耕地保护行为的公共选择理论分析[J]. 中国国土资源经，2005(9)：pp. 10—12.

④ 郑振源. 征地制度需要改革[J]. 中国土地. 2000(10)：pp. 24—26.

⑤ 汪晖. 城乡结合部的土地征用[J]. 中国农村经济. 2002(2)：pp. 40—46.

⑥ 蔡运龙. 耕地非农化的供给驱动[J]. 中国土地. 2002(7)：pp. 20—22.

⑦ 曾永昌. 论诚信、产权、体制与市场职能——中国土地市场为例[J]. 上海城市管理职能技术学院学报. 2004(5)：pp. 17—22.

⑧ 候东民. 对我国土地管理体制改革的基本认识与建议[J]. 中国·人口资源与环境. 2002(5)：pp. 20—22.

⑨ 曲福田. 制度安排、价格机制与农地非农化研究[J]. 经济学(季刊). 2004/4(1)：pp. 229—248.

⑩ 邓大才. 制度失灵：农地交易失控之源[J]. 调研世界. 2004(2)：pp. 35—37.

机和基点。钱忠好(2003)[①]研究表明,基于净收益最大为基础的土地资源利用私人最优决策与社会最优决策的不相一致是政府实施土地利用干预政策特别是农地保护政策的重要原因。张宏斌、贾生华(2001)[②]提出,由于农用地存在外部性,单纯市场调节失效,政府调控成为必然,但必须充分发挥市场作用,同时收取地方政府在农地非农化过程中的收益,将其用于农民农地经营的补贴,以抑制地方政府推动农地非农化的积极性。这些研究均说明了公共政策在农地非农化配置中的地位和行使界限。

同时国内学者认为,政策的调控应该包括以下这些内容的实现:(1)社会福利的最大化和土地资源配置的最优化。王万茂(2001)[③]认为,社会福利的最大化和土地资源配置的最优化是农地非农化的调控目标。他提出了一套既能保证粮食生产所需足够数量的耕地,又能提供促进国民经济持续发展所需建设用地为中心内容的土地资源利用方案,以实现社会福利的最大化和土地资源分配的最优化。(2)土地利用效益最优化。张安录(1998)[④]认为,维持食品安全和生态经济平衡,既要考虑农地的有形价值——维持粮食生产安全、提供食品,又要考虑它的无形价值——维护地区生态安全,从而获取土地利用经济效益、社会效益、生态效益的最优化。(3)可持续利用土地资源。吴克宁(2006)[⑤]认为,土地资源的可持续利用是调控农地非农化的目标,即不破坏生态系统的最大生产力。土地利用方式应有利于保持和提高土地的生产力、降低生产风险、稳定土地产出、保护自

---

① 钱忠好.中国农地保护:理论与政策分析[J].管理世界.2003(10):pp.60—70.

② 张宏斌,贾生华.土地非农化调控机制研究[J].经济研究.2001(12):pp.50—54.

③ 王万茂,余庆年,等.耕地总量动态平衡的实施途径构想[J].中国人口·资源与环境.2001(3):pp.62—67.

④ 张安录,等.美国城市化过程中农地城市流转与农地保护[J].中国农村经济.1998(11):pp.74—76.

⑤ 吴克宁,李晶辉,等.城市化进程中耕地变化及驱动力分析[J].河南农业科学.2006(6):pp.72—76.

然资源潜力和防止土壤与水质退化,并在经济上可行,能被社会所接受,同时满足经济的繁荣和社会秩序的安宁。

2.2.2 中国农地非农化的政策调控绩效

国内研究认为,目前中国采取的公共调控政策对农地保护起到了一定的效果(翟文侠、黄贤金,2003①,2005②;张全景、欧名豪,2004③),但总体而言加速了农地的非农化过程。这些政策主要集中于产权制度、管理制度、土地收益分配制度④以及总体规划、动态监测、管理权限、法律法规⑤等方面。研究还发现,不同的制度政策对农地非农化的影响程度也不同。如:叶艳妹、吴次芳(1997)⑥早在1997年就提出我国的产权制度(包括城市土地与农村集体土地产权制度)由于权、责、利不清以及产权主体不明确、产权结构与产权权益关系不合理,未形成有效的耕地保护激励机制。吴次芳、谭永忠(2002)⑦认为,农村土地产权制度中的主体模糊和缺位造成耕地保护失效的第一道防线。朱德举、刘秀华(1998)⑧的研究表明,各种规划之间难以协调、法律法规过于笼统造成执法难的局面,为政策的实施设置了障碍。管理权限交叉、农地分类混乱造成农地保护的力度不足。隆宗佐、盛智颖(2004)⑨研究表明,我国在城市的发展用地、公用事业的用地供给实行行政划拨和出让"双轨制",为农地的流转提供了制度

① 翟文侠,黄贤金.我国耕地保护政策运行效果分析[J].中国土地科学.2003(2):pp.8—13.
② 翟文侠,黄贤金.我国基本农田保护制度运行效果分析[J].国土资源科技管理.2005(3):pp.1—6.
③ 张全景,欧名豪.我国土地用途管制之耕地保护绩效的定量研究[J].中国人口·资源与环境.2004(4):pp.56—59.
④ 许月明,梁山.耕地损失的成因及对策研究[J].经济问题,1997(11):pp.41—44.
⑤ 朱德举,刘秀华.我国农地保护制度问题分析[J].中国土地,1998(8):pp.28—30.
⑥ 叶艳妹,吴次芳.土地产权制度与耕地保护[J].中国土地科学,1997(6):pp.24—27.
⑦ 吴次芳,等.制度缺陷与耕地保护[J].中国农村经济.2002(7):pp.69—73.
⑧ 朱德举,刘秀华.我国农地保护制度问题分析[J].中国土地,1998(8):pp.28—30.
⑨ 隆宗佐,盛智颖.论我国耕地非农化[J].生态经济,2004(11):pp.49—51.

上的便利,激化了农地非农化的进程。姚寿福(2004)[①]研究表明,当前征地管理方式欠妥以及征地程序不透明导致征地补偿标准过低,农民权益得不到保障,国有资产流失,腐败问题滋生,这些均从不同程度上加快了农地非农化速度。

2.3 简要评述

通过对农地非农化的国内外研究综述和基础理论的回顾发现,不同的社会制度、不同的经济发展阶段和不同的资源禀赋状况,各个国家(地区)学者在农地非农化的政策调控研究中选择的视角和价值判断各不相同。

(1) 国外文献综述的启示

在西欧国家,城市化、工业化已经进入成熟期,土地利用结构急剧变动的时期已经过去,土地利用系统处于相对稳定状态,加上有关农地保护的法律法规比较完善,更多地侧重研究土地质量的改善和土地景观生态的维护。因而所涉及的政策措施主要是从环境政策方面改进农地非农化的政策调控体系。同时,国外的政策调控大多建立在土地的私人所有制基础上,将农地保护看作是一种公共产品,所采用的保护措施也是以市场机制的经济手段为主。这与中国农地非农化过程中土地公有制的背景、地方政府主导等实际情况有很大的差异。因而国外农地非农化政策调控的研究结论难以在中国简单套用,但这些国家或地区的研究为中国制订农地非农化的政策调控提供了有益的参考。

(2) 国内文献综述的启示

国内研究综述的回顾发现,农地非农化政策调控的系统研究并

---

① 姚寿福.我国现行征地制度存在的问题与改革思路[J].国土经济,2004(4): pp.13—14.

不多。已有文献大多停留在将农地资源数量变化直接与人口、城市化和经济发展联系起来，往往注重土地利用结构变化的空间规律和过程的描述，形成的结论也大多集中在农地非农化将如何严重的影响到国家的粮食供应、农民生活、生态环境等，在措施上强调如何运用行政、法律、规划等手段控制农地非农化转用，鲜见运用政策调控的理论框架对于农地非农化状况进行系统分析。同时，虽然现有研究也对农地非农化的政策调控体系改革提出了一些建议，但由于缺乏对农地非农化各种政策手段的调控机理和调控效率的全面诊断和深入分析，因而无法真正了解农地非农化政策调控的特点以及相互关系，最终难以制定出有效的政策调整方案。总之，目前关于农地非农化的政策调控研究还不够深入，需要做进一步系统、综合的分析，使政策调控研究在农地非农化过程中形成一个完善的分析框架。

第三章

农地非农化问题与政策调控：理论分析框架

3.1 中国农地非农化的市场结构、配置方式与效率损失

3.1.1 中国农地非农化的市场结构与配置方式

在中国，农地非农化实行“征用制＋批租制”的制度安排，农地非农化过程首先是从国家征用农村集体土地开始的。主要途径是国家征用农村集体所有的土地，将土地所有权转为国家所有，然后再由地方政府代表国家以划拨或出让的方式将土地使用权转给用地者，同时完成农地向建设用地的转化过程。这一过程形成多级土地市场结构和相应的土地价格体系，这些市场结构和价格体系共同作用于农地非农化进程(如图 3－1 所示)。

当国家征用农村集体土地时，土地所有权主体由村集体变成国家，土地所有权发生转移，在市场价格机制与竞争机制的作用下，农地作为边际收益较低的土地存在着向边际收益较高的市地转移的内在动因，形成了土地征用市场。土地征用既具有强制性，又具有高度垄断性。在这个市场中，农地的所有者是农村集体经济组织，农地的合法购买者只有国家，国家实行农地有偿征用，为此向集体及农民支付土地征用补偿费；同时，征地过程中只有一个需求者——国家，征

地价格又由国家制订,这就决定了农地征用价格比较低,一般低于协议价格,更显著低于招标、拍卖价格。因此土地征用不是严格意义上的土地市场交易,形成的也不是正常的土地价格,但仍可将其看成是一种特殊的土地市场和土地价格,即土地征用市场和征用价格。

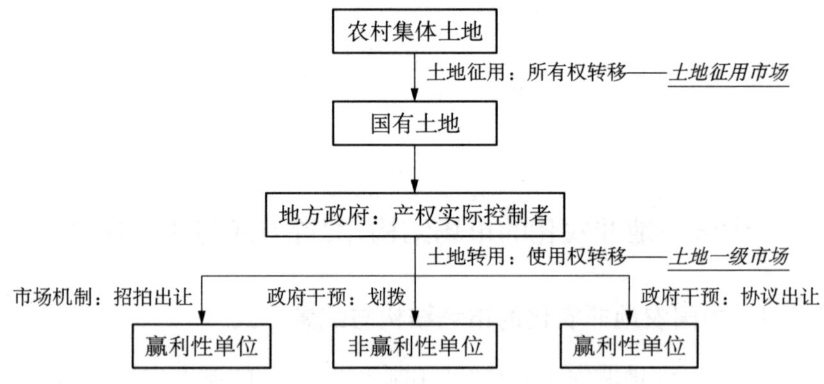

图 3-1　农地非农化市场的基本结构图

Fig. 3-1　The structure of the farmland conversion market

土地一旦成为国有,国家作为土地一级市场的惟一供给者,把土地有偿出让给用地者并收取土地出让金,因此土地出让可看成是近似的土地市场交易,相应地土地出让金可看作是土地出让市场形成的土地价格。但是土地出让有三种不同的方式,即协议出让、招标出让和拍卖出让。地方政府作为国有土地的产权实际控制者,是土地出让的供给者,土地价格形成受地方政府的影响也非常显著。其中,协议价格因缺乏市场竞争以及人为干扰,往往低于后两者的数倍,不能有效反映土地市场正常价格。因此,在土地出让市场中又存在三类亚市场:协议市场、招标市场和拍卖市场,对应地形成三种土地价格,分别为协议价格、招标价格和拍卖价格。

此外,国家也可以在某些情况下将所征用的土地使用权划拨给土地使用者。这种情况下,土地使用者不需要支付土地出让金,只需支付土地征用费用以及很少量的管理费用,称之为土地划拨市场,形成的价格为划拨价格。此类土地使用权转移仅发生在国家与土地使用者之间,我们将此类市场归类到土地一级市场。至此,在农地非农化过程中,共有2大类、5亚类市场和5种土地价格(表3-1示)。一般地,它们的市场化程度由低到高的排列顺序是:征用价格、划拨价格、协议价格、招标价格、拍卖价格。其配置方式、交易形式、价格形成机制、市场竞争度均各不相同(如表3-1示)。他们共同作用,决定着农地非农化的速度和数量。

表3-1 中国农地非农化市场的基本结构

Table 3-1 The basic structure of the farmland conversion market in china

市场类型	交易者	交易形式	价格形成机制	市场竞争度	资源配置方式
土地征用市场	农村集体 国家	土地征用	政府定价	市场管制	政府干预
土地一级市场	国家 土地使用者	土地划拨	政府定价	卖方垄断	政府干预
		土地出让(协议)	政府与用地单位协商定价	卖方垄断	政府干预
		土地出让(招标、拍卖)	市场定价	卖方垄断	市场机制

3.1.2 中国农地非农化的配置方式与效率损失

根据以上分析,中国农地非农化配置的基础手段有两种:市场和政府。不同的配置方式对农地非农化配置的影响是不同的。因而先从理论上区分经济发展过程中两种完全不同性质的农地损失:代价性损失和过度性损失(曲福田等,2004)。农地代价性损失是指在市场功能完整的条件下,区域经济增长中必需的农地非农化数量,也就是说,这是经济增长必须付出的、合理的代价,这个“合理代价”的标准是土地资源配置达到一个相对自由竞争的市场均衡。而农地过度性损失则是指在经济增长过程中,由于市场失灵和政府失灵引起的本可以避免的农地资源消耗。相应地，我们可以将过度性损失分为两类：过度性损失Ⅰ和过度性损失Ⅱ。过度性损失Ⅰ是指存在市场失灵，即没能将农地利用中的生态环境、食物安全等非市场价值纳入成本效益决策而使得农地价值低估造成的过多的农地占用或损失；过度性损失Ⅱ是指由于政府失灵，即扭曲土地价格，排斥市场机制对农地的配置而导致对土地资源过度需求而引起的损失。以下分别从这两种配置方式的角度考察其对农地非农化配置的影响。

(1) 中国农地非农化的市场机制与效率损失分析

农地非农化的市场机制是指市场经济对农地资源非农转化的分配和组合起基础调节作用，通过影响市场主体的决策行为，促使其采取有利于资源优化配置的决策，进而实现资源高效利用的目标。然而只有在完全竞争的市场机制状态下才能够使资源的配置达到最有效率的状态，当市场机制的诸多条件不能完全满足时，价格机制无法发挥正常作用，就出现“市场失灵”①。

值得注意的是，现实的市场机制在很多场合不能满足完全竞争市场的条件，中国的农地非农化市场就是如此。中国农地非农化市场建设起步较晚，市场发育迟缓、市场体系尚不完善，市场机制对资源配置的自动干预能力仍然有限。这意味着中国的农地非农化市场不仅面临传统市场体系的外部性问题（市场失灵Ⅰ），同时还饱受市场机制自身缺陷的困扰，即市场的结构功能不完善，市场缺乏良好的组织，市场信息不准确、不灵敏，因而导致市场机制本应具有的许多资源配置功能无法发挥或者不能有效发挥出来（市场失灵Ⅱ）。两方面作用之下，农地非农化的市场失灵问题可能出现扩大化趋势。以图3-2为例，在市场失灵Ⅰ与市场失灵Ⅱ的共同作用，农地非农化价格将进一步降低甚至低于 P_2，则农地非农化量将大于 Q_2，由此导致的农地非农化效率损失大于仅由市场失灵Ⅰ作用下的农地非农化

① 丹尼尔·F. 史普博著. 余晖等译. 管制与市场[M]. 上海：上海三联书店，1999.

效率损失量(Q_2-Q_1)及社会总福利损失 EE′F′。由此引发的农地损失称之为农地非农化过度性损失Ⅰ(曲福田等,2004)。而这种扩大化态势的发展程度又取决于政府力量干预的程度,这实际上增加了市场机制在资源配置中的不确定因素。单就这点而言,中国政府在农地非农化市场中的作用很可能左右市场机制的效力,以下作进一步分析。

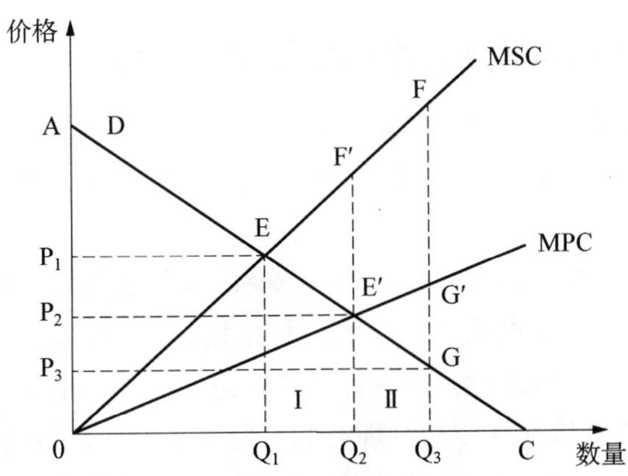

图 3-2 农地价格与农地非农化关系图

Fig. 3-2 The relationship between the farmland price and the farmland conversion

(2) 中国农地非农化的政府干预与效率损失分析

农地非农化配置的市场失灵问题为政府介入农地非农化配置提供了必要条件。农地非农化配置的政府干预是指政府综合运用经济、行政等多种调控手段,促进市场发育、弥补市场缺陷,进而实现农地非农转化过程中资源优化配置的目标。但从多年的实践来看,政府干预在资源配置中的作用也存在许多问题,主要表现在:政府干预并未真正解决市场失灵问题,而且政府的过度干预影响了市场配置资源的有效性,进而导致"政府失灵"。

仍以图 3-2 为例进行说明。土地市场价格受某种非市场因素的影响而低于价格 P_2,则农地非农化量将大于 Q_2。如图 3-2 中,假定土地价格受管制后为 P_3，则农地非农化量为 Q_3，此时农地非农化配置效率最低，社会总福利将净损失 EFG，即使对土地使用者总体而言，直接损失也达 E′G′G。与社会最优相比，过度非农化量为 Q_3-Q_1，这一过度量是在土地价格过低，市场机制不能正常发挥作用下形成的，它也显著降低了农地非农化配置的效率，我们称之为农地非农化过度性损失Ⅱ。

3.1.3 市场结构、配置方式与农地过度非农化

至此，结合以上分析，我们可以推断不同市场结构、不同资源配置方式对农地非农化的影响。这里仍然以市场结构为分析脉络进行阐述。

在现有的农地非农化配置市场体系下，土地出让市场主要存在三种主要的出让方式及其相应的三种土地供应价格，我们根据其价格形成的机制不同，将其分为两类价格：协议价格和招标、拍卖价格。由于招标、拍卖价格主要通过现有的市场竞争形成，其价格形成的缺陷主要是市场发育不完善及其不能反映农地资源的生态价值和社会价值，即存在资源配置中的市场失灵问题，价格水平基本表现为图3-2中表现为 P_2，因此通过这两种方式出让，农地非农化量基本在 Q_2 范围内，主要表现为农地过度性损失Ⅰ。

协议价格主要表现为政府和单一用地者之间协商定价，价格形成中市场竞争机制很少，形成的价格水平也显著低于招标/拍卖价格，其价格形成的缺陷主要是政府过度干预农地价格的形成，属于图3-2中的价格 P_1 层次，是由政府失灵导致的效率损失。因此通过这种方式出让土地使用权，农地非农化量将达到 Q_1，从而导致农地过度性损失Ⅱ。

土地使用权划拨作为一种典型的土地资源计划配置方式，完全排斥了市场竞争机制，其价格比协议价格还要低，价格形成的缺陷主要是由于政府采取无偿形式将农地划拨给用地单位使用，排斥市场

机制对农地价格的作用。属于政府失灵的范畴,因此同样导致农地非农化过度损失Ⅱ,而且损失程度较协议出让更严重。

土地征用市场并不是严格意义上的土地交易市场,具有强制性和高度垄断性的特征。在这个市场中,征地价格由国家制订,这就决定了农地征用价格比较低,一般低于协议价格,更显著低于招标、拍卖价格。价格形成的缺陷主要是由于政府牌示市场机制的作用,同样属于政府失灵的范畴。由于征地价格就不可能达到 P_2 水平,征用的农用地数量必然要超出 Q_2 达到 Q_1,因此导致农地非农化过度损失Ⅱ,而且损失程度更严重。

表 3-2 中国农地非农化的市场结构、配置方式与效率损失状况

Table 3-2 The market structure, the way of allocation and efficiency loss of the farmland conversion market in china

市场类型		资源配置方式	效率损失原因	效率损失类型
土地征用市场		政府干预	政府失灵	农地非农化过度性损失Ⅱ
土地一级市场	划拨市场	政府干预	政府失灵	农地非农化过度性损失Ⅱ
	协议市场	政府干预	政府失灵	农地非农化过度性损失Ⅱ
	招标、拍卖市场	市场机制	市场失灵	农地非农化过度性损失Ⅰ

资料来源:诸培新.农地非农化配置——公平、效率和社会福利[D].南京农业大学博士学位论文.2005.整理

综上所述,得出:①由市场机制形成的招标、拍卖价格仅能反映传统市场体制下土地资源的价格,价格形成缺陷主要是不能反映农地资源的生态价值和社会价值,即存在资源配置中的市场失灵问题,导致农地过度性损失Ⅰ;②由政府定价的征地、划拨价格,完全排斥市场竞争,其价格形成的缺陷是政府过度干预农地价格的形成,导致资源配置效率降低,是由政府失灵Ⅱ引发的,表现为农地过度性损失Ⅱ;③本身应由市场机制形成,实际却由政府主导定价的协议价格,带有鲜明的政府干预色彩,由此引发的过度农地非农化损失为农地过度性损失Ⅱ。

总之,目前土地市场结构没有反映土地总价值的机制存在,农地非农化不可能达到最优,即农地非农化量不会停留在代价性损失范围内。此外,在中国的土地价格构成中,由于招标、拍卖价格所占比例很少,使得市场机制发挥资源配置作用的空间也很小,因而目前的土地市场在整体上不能使农地非农化达到社会最优,也达不到农地配置的私人最优,存在大量农地过度性损失Ⅱ。区分不同市场结构状况、不同资源配置方式,以及对应形成的不同形态的农地过度性损失,为进一步剖析资源配置效率损失产生的深层次原因奠定基础。

3.2 中国农地非农化配置的效率损失溯源

中国农地非农化的市场失灵和政府失灵问题导致了农地非农化的配置效率损失。然而引发市场失灵和政府失灵的关键因素是什么?外部性理论认为:外部性问题是导致市场失灵和政府失灵最为根本的东西。无论是经济市场还是政治市场,只要有经济活动的地方,“经济人”趋利避害的决策行为都可能导致私人成本与社会成本之间发生偏离,这种偏离会引发资源配置失当。因而必须对中国农地非农化配置方式的外部性问题进行深入分析,以求找到引发资源配置效率损失的症结。

3.2.1 中国农地非农化市场机制的外部性问题

如本章前文所述,农地保护的正外部性和农地转用的负外部性的存在使得市场机制在农地非农化过程中的资源配置功能失效,市场机制产生了效率损失。农地不仅能够产生经济效益,而且还能够产生社会效益和生态效益。从可持续发展的角度出发,农地理论价格应该是经济收益、社会收益和生态收益三者之和。但是土地所有者(使用者)所能把握的仅仅是土地的经济收益和小部分返回的生态收益和社会收益。绝大部分的生态效益和社会效益由于效益的公益性而无法在经济中得到体现。所以在农地非农化过程中,供给者在决策时只考虑农地的出让价格大于土地经济价值这一条件,而没有考虑其非市场价值。但对于整个社会来说,这一条件意味着农地非农化过程中造成大量的社会福利损失,也使市场机制在农地非农化过程中失灵。

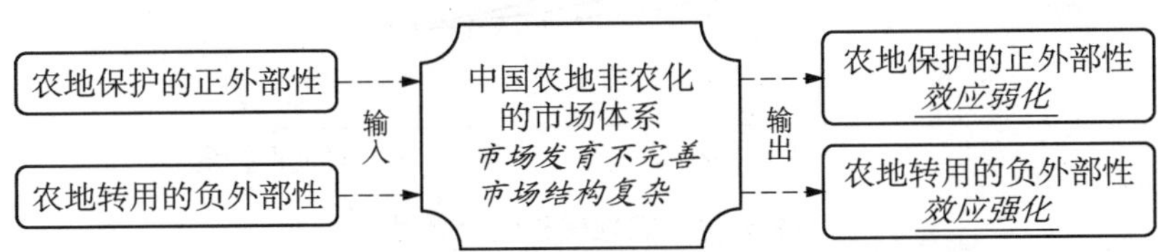

图 3-3　中国农地非农化市场机制外部性的衍生效应
Fig. 3-3　The derivative effect of the market mechanism externalities in farmland conversion

以上分析是经济快速发展国家农地非农化过程中的普遍问题,然而对于产权关系尚未明晰、市场建设刚刚起步的中国而言,这一问题存在一定的扩大化趋势。中国农地非农化的主要途径是国家首先征用农村集体土地,将土地所有权转为国家所有,然后再由地方政府代表国家以划拨或者出让的方式将土地使用权转给用地者,同时完成农地向建设用地的转化过程,因而农地非农化的过程主要是通过权利不对称的土地一级市场来完成的。而真实的土地市场价格的形成要依赖于完善的土地市场体系和合理的土地市场结构。但是目前中国正处于计划经济向市场经济的转型期,市场发育不完善,市场体系的构成也不完整,这些因素势必影响市场机制在农地非农化过程中的配置作用,继而导致资源配置效率降低。

以图 3-4 为例进行说明。受市场发育不完善、市场体系不完整的影响,由市场调节的农地保护量 Q_2 小于社会最优量 Q^*,有数量为 Q^*-Q_2 的农地得不到有效的保护,这些农地更容易被非农化。

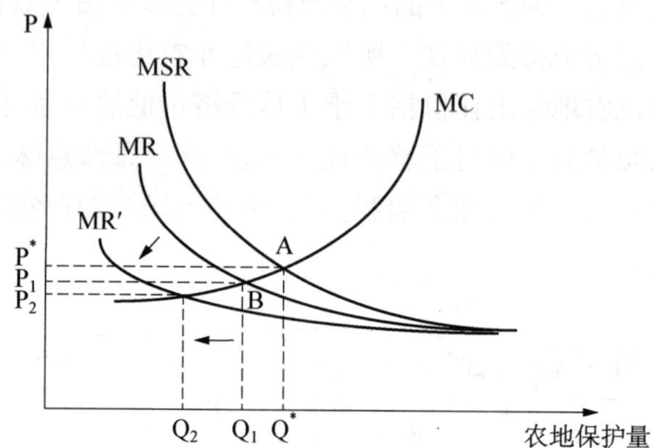

图 3－4　农地保护的外部性

Fig. 3－4　The externalities weakened of the farmland protection

这一损失量较市场发育完善状态下的损失量 $Q^{*}-Q_{1}$ 增加了 $Q_{1}-Q_{2}$，出现农地保护的正外部性弱化的现象。

同时也出现农地转用的负外部性效应强化的问题。如图 3－5 所示，受市场发育不完善、市场体系不完整的影响，由市场调节的农

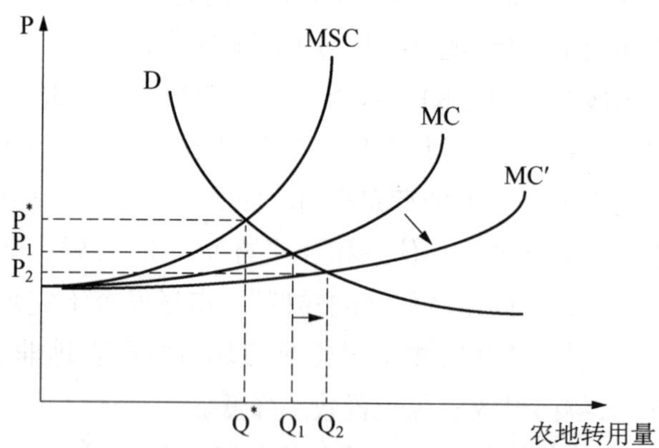

图 3－5　农地转用的外部性与市场均衡

Fig. 3－5　The externalities strengthenof the farmland conversion

地转用量 Q_2 大于社会最优量 Q^*,有数量 Q_2-Q^* 的农地被过量转为建设用地。这一损失量较市场发育完善状态下的损失量 Q_1-Q^* 增加了 Q_2-Q_1,出现农地转用的负外部性强化的现象。

3.2.2 中国农地非农化政府干预的外部性问题

正如公共政策理论所阐述的,人类社会由两个市场组成,一个是经济市场,一个是政治市场。政府在进行政治决策时与厂商/消费者在进行经济决策时一样,都会以个人的成本——收益计算作为衡量的基础,尽力去趋利避害或趋大利而避小利。因而,农地保护的正外部性问题和农地过度利用的负外部性问题不仅是困扰市场机制的原因,同样也是影响政府干预正常运作的罪魁祸首。同时,中国农地非农化进程中特殊的政府行为模式与政府阶层的特殊属性(趋利避害)共同作用,促使农地利用的外部性问题在"政治市场"产生了衍生效应(如图3-6所示),即产生了政府行为的外部性问题。政府行为外部性问题是政府政治活动的副产品,是政府改变社会活动的游戏规则或进行管理型交易中产生的。斯密德认为,政治性外部性一般并不直接作用于参与方的成本或收益,而是通过公共选择改变游戏规则,进而引起市场外部性的变化,从而间接改变所有参与方的成本和收益。主要表现在:

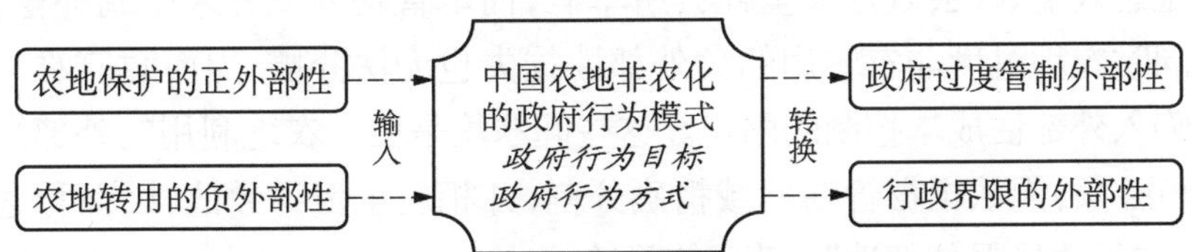

图3-6 中国农地非农化政府干预外部性的衍生效应
Fig. 3-6 The derivative effect of the government intervention externalities in farmland conversion

(1) 政府过度管制的外部性问题

仍以图3-2为例进行说明。农地非农化的政府配置过程实行

“征用制＋批租制”的制度安排。由于政策对资源使用与交换的限制，从而使经济个体的收益与正常市场交易下的收益不同。土地征用具有强制性及补偿标准规定性的特点，政府的征地价格是既定的，图 3－2 中的 MC 曲线表现为一条水平的直线。征地过程中农民集体或个人没有谈判权，政府仅仅是按照农地产值对农村集体进行补偿，否认了集体将土地用于非农用途时的机会成本，即集体对土地由于改变用途带来的增值收益的索取权，从而使政府征地成本强制外部化，政府的征地边际成本低于市场交易的边际成本；同时，政府征地多数是以协议方式出让，往往低于竞争市场下的价格，即使采取招标、拍卖、挂牌等方式出让，土地使用者也仅仅承担了获得土地使用权的成本，而农地本身具有的生态价值和社会价值在征地价格和出让价格中均没有得到体现。事实上的征地社会成本应该是农地产值、农地社会效益和农地生态效益三者之和，低于征地社会成本的征地价格和出让价格往往会引发征地的外部性，在经济利益最大化的驱动下，征地方倾向于征用更多土地，从而使征地量超过社会最优量，造成农地过度非农化。

(2) 行政界限的外部性问题

农地保护和土地利用不仅对土地市场的经营主体来说具有外部性，而且对政府来说也具有外部性。即：保护农地数量、质量带来的生态效益、社会效益被全社会所享有，而本管辖领域并未得到补偿；同时农地过度非农转用的负外部性损失也无法分摊，因而政府难免陷入外部性成本控制的困境。这些问题均是由于农地利用的外部性(正/负)无法根据管辖领域精确分割，并相应承担导致的，因而称之为“行政界限外部性”。表现在两个方面：

——中央政府与地方政府的行政职能界限外部性问题

根据张飞(2006)对农地非农化过程中政府行为目标的研究：中央政府与地方政府的农地非农化目标存在差异。①

---

① 张飞. 中国农地非农化中政府行为研究[D]. 南京农业大学 2006 年博士论文.

如图 3 - 7 所示,地方政府行为目标与中央政府行为目标不一致性的表现:第一,经济目标不一致:地方政府追求的经济增长目标与中央政府追求的经济增长目标之间的不一致性。地方政府追求的经济增长是其任期内当地经济增长速度,其关注的是当地经济短期内的增长速度;中央政府追求的经济增长是整个宏观经济长期的平稳增长,其既关注经济增长的速度,又关注经济增长的质量。第二,政治目标不一致:地方政府为了追求任期内经济的快速增长,可能不惜损害公众的利益,而中央政府的政治目标是维护社会稳定,保障人民安居乐业等。

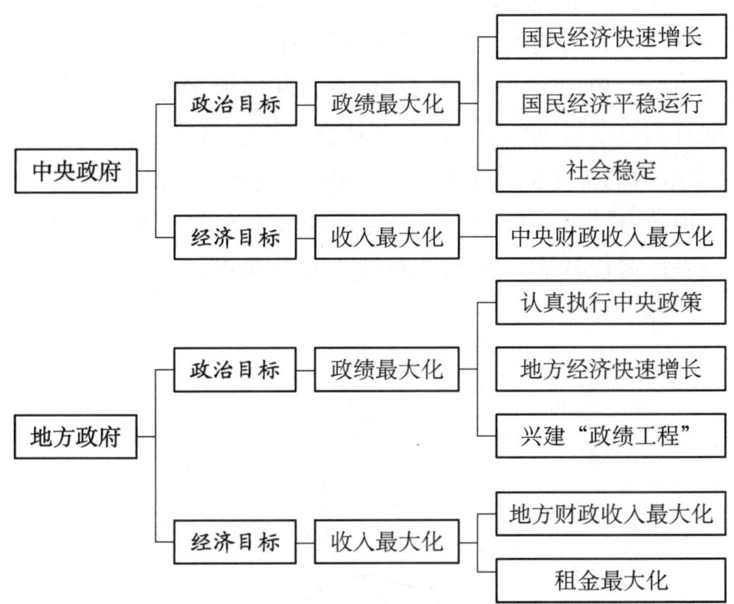

图 3 - 7　农地非农化过程中央政府与地方政府的行为目标差异分析图

Fig. 3 - 7　The objective differences between central and local governments in farmland conversion

行为目标的差异导致行为方式的差异。以图 3 - 8 为例进行说明。假设地方政府征地数量与其所预期的收益是正相关的,但受制于中央政府的威慑力和政策压力,及一定时期经济发展的容量,这种行为的供给不可能是无限扩大的,必然有一个上限。横轴表示征地数量 Q,纵轴表示征地行为的收益和风险 R。随着征地数量的不断扩大,地方政府取得的收益不断提高,而随着收益的上升,风险不断增大,其规避政策的成本不断增加,则在中央政府实行土地宏观调控情况下,地方政府有一个征地数量的极限,即图中的 A 点。于是,在预期收益大于 R_1 的情况下,地方政府征地数量反而下降,其征地行为供给曲线出现回逆的走向,这意味着在规避政策风险和成本极高时,地方政府必然会减少征地。由于新增建设用地出让的土地收益分成,中央政府也能在征地中获得一定的收益,地方政府征地越多,中央政府获得收益越大。但是,中央政府存在着多元目标,有些目标是地方政府所忽视的,如粮食安全、生态环境保护等,因而当地方政府征地行为过度发展时,中央政府就会产生监管需求,如图 3-8 所示,中央政府的需求曲线为 D,在该地区中央政府的最佳利益点为 B,那么中央政府就希望与地方政府在两曲线交点 B 形成合作博弈,并达到帕累托最优状态。然而这种状态却是难以达到的,因为对地方政府

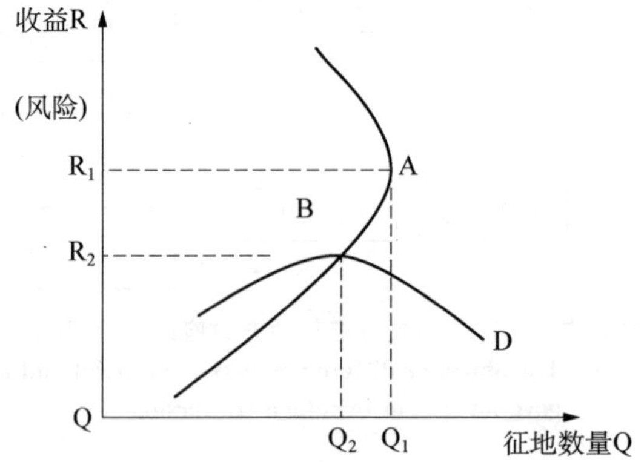

图 3-8　地方政府与中央政府的征地行为差异分析图

Fig. 3-8　The differences between central and local governments in land requisition

而言,其所能承受的最大风险为 R_1,即为 A 点。在此之前地方政府收益依然大于其成本,其行为量只会有增无减。地方政府行为的外部效应可能导致数量为(Q_1-Q_2)的农地存在过度非农化的倾向,而这部分外部性效应对于中央政府而言存在控制的困境。

——行政辖区界限的外部性问题

与此同理,相邻行政辖区之间也存在外部性控制的困境。农地保护的正外部性的分享不会受到行政辖区的影响,亦不可能根据行政辖区的归属进行分割;同时农地过度非农转用的负外部性损失也无法分摊。碍于此因素的影响,基于机会主义的冲动,政府之间的农地非农化利用可能出现竞争性损耗的局面,以及对农地保护行为的漠视,进而造成甚至大于图 3-8 中 Q_2 数量的农地被征用的现象。

综上所述,外部性问题是导致农地非农化配置效率损失的症结所在。不同配置方式外部性问题产生的行为主体、动因也各不相同,对社会经济发展和土地资源可持续利用的影响也有本质差别,从而在消除或减少过度性损失的途径和政策重点也有明显的不同。

3.3 中国农地非农化的政策调控体系构建

3.3.1 中国农地非农化的政策调控体系

根据以上分析,中国农地非农化过程中不仅存在由于市场失灵Ⅰ而导致的资源配置效率低下问题,同时受市场发育状况、政府行为模式与政府阶层的特殊属性的影响,存在市场失灵Ⅱ和政府失灵问题而导致的资源配置效率低下问题。政策调控类型框架的构建取决于政策分类的标准,根据不同的分类标准,可以得出多种分类结果。而对于某一领域的专项政策研究,应根据特定政策问题,有针对性的选取适宜的政策划分标准,进而建立合理的政策类型框架。中国农地非农化配置过程中存在市场失灵和政府失灵两大类问题,政策调

控的类型框架也应根据问题导向分为两类,具体如下:

(1) 内生性调控政策

内生性调控政策是矫正市场失灵的政策调控,由于农地非农化市场主体行为“外部性”引发的农地过度性损失Ⅰ具有内生性特点而得名。目前国内外普遍采用的解决市场失灵的内生性调控政策包括三类:①通过行政性规制确立农地非农化配置的市场制度,如:市场准入、供求关系调节;②运用经济性规制改善农地非农化的利益分配关系,如:奖励满足社会期望目标的土地利用行为,惩罚增加非社会期望的农地转用行为成本;③运用社会性规制显现农地的非经济价值,如:纳入农地生态价值和社会价值的农地保护方法。以上三类规制政策适用于解决中国农地非农化配置的市场失灵Ⅰ和市场失灵Ⅱ(如图 3-9 所示),故可以综合采用。通过三项措施的共同作用影响

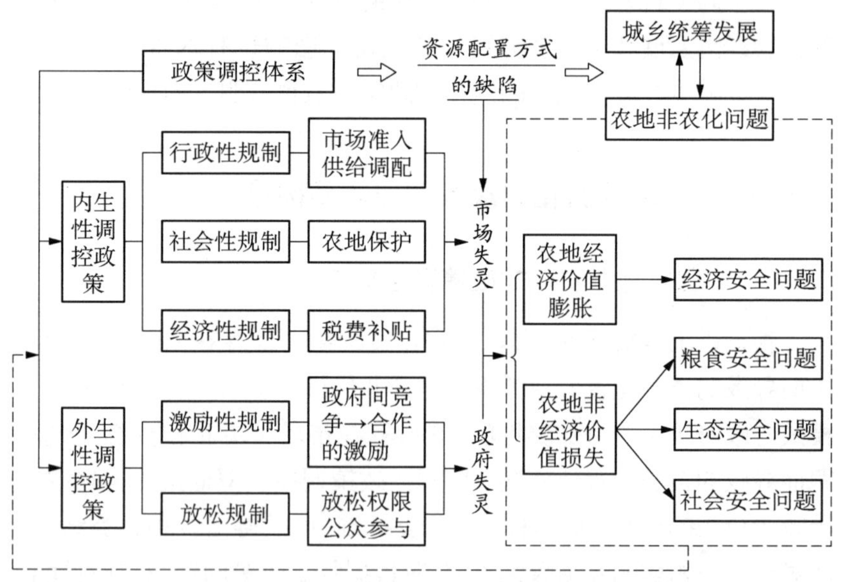

图 3-9 农地非农化政策调控的作用机理

Fig. 3-9 The instrument and its mechanism of the policy in farmland conversion

市场主体的决策行为,促使主体决策向包含外部性损失的最优农地非农化量靠拢,进而克服市场机制的外部不经济问题。

(2) 外生性调控政策

外生性调控政策是矫正政府失灵的政策调控,由于政府行为的不恰当干预而产生的农地非农化过度性损失Ⅱ具有外生性特点而得名。目前解决政府失灵的外生性调控政策主要包括两类:①激励性规制,促进中央政府与地方政府之间、地方政府与地方政府之间就农地非农化配置开展互动协作与良性竞争;②放松规制,引入监督机制、注重社会公众参,减少由于利益链接带来的道德风险和寻租问题。以上两类规制政策适用于解决中国农地非农化配置的政府失灵Ⅰ和政府失灵Ⅱ(如图 3－9 所示)。通过这两类规制措施的运用,强调在资源配置过程中市场机制的优先序,重新定位政府角色,减少政府农地非农化配置中的外部性行为,进而消除或者减轻由这一问题导致的农地资源配置效率损失。

3.3.2 中国农地非农化政策调控的作用机理分析

(1) 中国农地非农化内生性调控政策的作用机理

中国农地非农化的内生性政策调控具体包括以下三类:行政性规制、经济性规制和社会性规制。①行政性规制:行政性规制主要为确立和维护市场机制的基本框架和市场经济下微观经济主体的决策框架而设立。以政府的强制性政策为基点,实质是标准管制的运用,重点关注市场机制的培育和市场体系的构建,通过控制市场供求影响市场主体的决策。以图 3－2 为例,制定供应量标准——农地最佳转用量 Q_1,超过标准进行惩罚或取消资格,强制市场主体的边际私人成本 MPC 向边际社会成本 MSC 移动。②经济性规制:经济性规制关注农地非农化配置过程中不理想的收益分配,即由市场中不合理的价格形成过程而导致的收益分配的不合理问题。主要通过税费、补贴的途径防止资源配置低效,确保市场主体公平。税费:如图

3－2所示，假设市场主体的农地非农化量超过最佳水平 Q_1 增至 Q_2，每增加(Q_2-Q_1)个单位的农地转用量，就对其征收(P_1-P_2)个单位的税，促使市场主体的农地转用量从 Q_2 向 Q_1 移动。补贴：仍如图2所示，假设市场主体每增加一个单位的农地保护量(Q_2-Q_1)，就给与其(P_1-P_2)个单位的补贴，激励市场主体的农地转用量将从 Q_2 减少到 Q_1。社会性规制：社会性规制关注纳入农地生态价值和社会价值的农地保护方法。仍以图3－2为例，社会性规制的措施是颁布包括农地生态价值和社会价值的农地最高转用量(数量限制、分区规划和质量评估)，以实现农地最佳保护量下的最优农地转用量 Q_1。通过这种方式，缩小农地非农化市场私人决策与社会决策之间的差距，引导农地资源适度非农化，实现农地资源非农转化的优化配置。

(2) 中国农地非农化的外生性调控政策之作用机理

中国农地非农化的外生性政策调控包括两类：激励性规制和放松规制。①激励性规制：激励性规制是指给予刺激竞争的政策和增进合作的诱导，以激发地方政府重新确立功能定位，辅助市场机制效率的发挥，并最终实现资源的优化配置。改进地方政府的管理理念，对地方政府的绩效考核目标作出必要调整，促进中央政府与地方政府行为目标的耦合，减少政府间不良竞争，增强政策执行的有效性。以图3－2为例说明，通过调整地方政府的政绩考核标准，促进其行为目标向中央政府的行为目标靠拢，从而诱导地方政府的征地数量向从 Q_3 向 Q_1 移动，减少政府行为引发的农地过度损失数量。②放松规制：放松规制的核心理念是让市场机制和社会力量发挥作用，适当放松原有的可能导致成本提高、收效降低的规制限制，增强非政府组织等各种社会力量的监督力度，充分发挥市场机制调控资源配置的作用，促进资源优化利用。目前积极倡导的方式主要有两种：①放松管制权限，如：集体建设用地入市流转；②公众参与，如：征地过程中的价格听证、拆迁过程中的意愿征询等等。

综上所述，结合以上分析，根据各政策调控工具的特点、作用机理、所解决问题的性质以及对主体行为的影响,将各项政策工具的情况汇总如下表所示。

表 3-3　中国农地非农化的政策调控及其作用机理

Table 3-3　The policy and its mechanism in farmland conversion in China

政策调控类型			针对的外部性问题	对主体行为的影响	解决的效率损失类型
内生性调控政策	行政性规制	进入规制 供给规制	农地转用行为的负外部性	供求调控	市场失灵引发的过度性损失Ⅰ
	经济性规制	税费规制	农地转用行为的负外部性 农地保护行为的正外部性	收益分配调节	
	社会性规制	农地保护规制	农地保护行为的正外部性	社会保障	
外生性调控政策	激励性规制	竞争→合作的激励	行政界限中的行为外部性	激励机制	政府失灵引发的过度性损失Ⅱ
	放松规制	放松权限 公众参与	过度管制行为的外部性 行政界限中的行为外部性	竞争机制 监督机制	

第四章

中国农地非农化政策调控的历史沿革与演化

4.1 中国农地非农化政策调控的阶段性特征分析

中国农地非农化过程具有明显的周期性波动特征,这与经济增长进程、公共政策的沿革与演化过程紧密相关,特别是在农地非农化市场发育尚不完善、经济增长主要依靠要素投入推动的特殊时期。

农地非农化的数量变动基本与经济增长的波动相吻合。改革开放以来,中国经济进入高速增长阶段,1978 年到 2005 年的 27 年间,中国国内生产总值增加了 12.2 倍,年均增长率高达 9.4%。1999 年中国城市化水平达到了 30.89%①,进入城市化加速时期。目前,中国工业化中期、城市化加速阶段的经济与社会特征日益显著,社会财富以前所未有的速度积累,土地等生产要素从农业向农业以外急剧转移。1978～2005 年间建设占用耕地的数量达 477.3 万公顷,年均 17.05 公顷。② 随着经济的发展,农地非农化的速度呈加速状态,1979～1989 年,年均建设占用耕地的数量为 15.81 万公顷;1990～1996 年,年均建设占用耕地的数量为 16.81 万公顷;1997～2005 年,

① 数据来源:2000 年《中国统计年鉴》.

② 本章以建设用地占用耕地的数量表示农地非农化的趋势,下文同.数据来源于相应年份的《中国国土资源年鉴》.

年均建设占用耕地的数量为 17.27 万公顷。农地非农化数量变化的阶段性特征显著。

同期,中国农地非农化公共政策沿革与演化的阶段性特征也较为显著。改革开放以前(1949 年~1979 年),中国的农地非农化基本采取高度垄断的计划性行政管理政策,农用地转用实行计划指令性管制,包涵市场型规制政策和政府型规制政策的公共政策体系尚未形成;改革开放以后(1980 年至今),这一阶段随着市场经济的深化,以及新的土地使用情况的出现,公共政策不断创新并逐步规范,日渐形成由市场型规制政策和政府型规制政策共同构成的农地非农化公共政策体系。

综上所述,根据中国农地非农化数量变化状况、社会经济发展状况和公共政策的演化状况的综合分析,可以将中国农地非农化公共政策的演化发展阶段划分为两大时段:(1)改革开放前(1949 年~1979 年);(2)改革开放后(1980 年至今)。并进一步根据农地非农化数量变化的时间期特征将改革开放后划分为四小阶段:①1979 年~1989 年;②1990 年~1996 年;③1997 年~2004 年;④2005 年至今,具体分析政策沿革的阶段性特征如下:

4.1.1 改革开放前(1949 年~1978 年)

新中国成立初期,百废待兴,根据国家统计部门公布的四十七年耕地面积分析[①],这段时期中国耕地变化的轨迹是:①1949~1957 年期间为耕地总量增长期,全国耕地由 9788.10 万 hm^2 增加到 11183.00 万 hm^2,年均递增 1.68%。1949~1952 年全国进行土地改革,极大地调动了广大农民的生产积极性,不仅使战争中荒废了的土地迅速得到复耕,耕地面积逐步扩大。1953~1957 年,虽然在这段时期,中国采取了优先发展重工业的经济政策,建设了钢铁、煤炭、电力等基

① 李元. 中国土地资源(第一卷)[M]. 中国大地出版社. 2000.

础设施，占用了大量的耕地，但国家采取大办国营农场、军垦农场和鼓励知识青年志愿垦荒、移民开荒以及农民就地开荒等形式，以黑龙江和新疆为重点进行了大规模的荒地开发，仍补充了大量的耕地。②1958 年以后则步入了耕地总量递减期。1958～1965 年期间，农垦事业以空前的速度发展，但发展势头有所减缓。③1966～1975 年"文化大革命"10 年动乱期间，耕地开发的速度减慢，10 年中没有出现耕地总面积净增的年份。1975 年耕地总面积(统计数)减少到 10.33 亿 hm^2，比 1965 年(统计数)减少 388.60 万 hm^2，比 1957 年(统计数)减少 1212.20 万 hm^2。

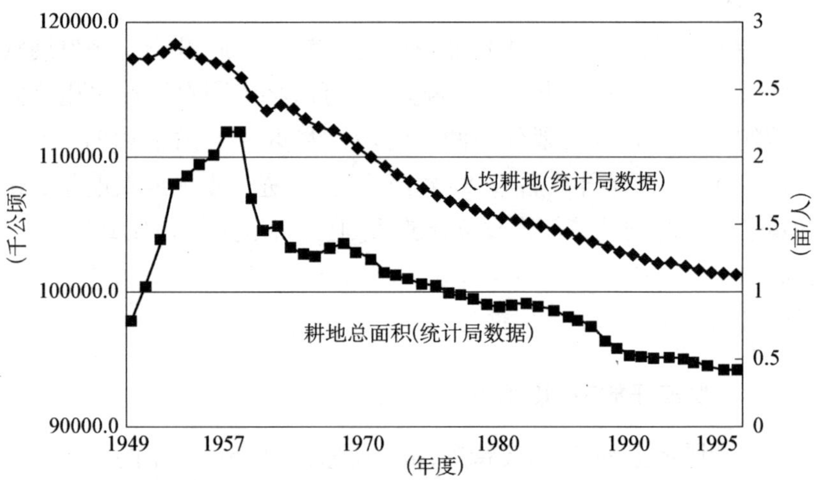

图 4-1　新中国成立以来我国耕地总面积及人均耕地变化情况(1949—1995)

Fig. 4-1　The Total Amount of Cultivated Land and the Changes of Area per person from 1949 to 1995

资料来源:《中国土地资源(第一卷)》第 89 页

这一时期，由于"大力发展重工业"在国家意识形态中占了上风，农地非农化配置的公共政策作为经济政策的一个组成部分必须服从和服务于这一时期的国家宏观经济发展战略。在中国传统的计划经济体制下，政府对全国所有的经济活动统一操办，包括对城市国有土地和农村集体土地的所有的支配，这一时期，农地面积的增减也完全靠国家计划行政手段来控制，摒弃了市场的作用。1950 年正式颁布的《土地改革法》在中国大陆确立了土地国有与农民私有并存的土地制度。1953 年的《国家建设征用土地办法》规定了国有用地单位可以采取有偿征用方式获得土地，“凡征用之土地，产权属于国家，用地单位不需要时，应交还国家，不得转让”，1954 年 2 月 24 日《中央人民政府关于国营企业、机关、部队、学校等占有市郊土地使用费或租金问题的批复》和同年 3 月 8 日《内务部答复关于国营企业、公私合营企业及私营企业等征用私有土地及使用国有土地交纳契税或税金的几个问题》。这两个文件规定：“国营企业经人民政府批准占用土地，不论是拨给公产或出租购买，均应作为企业的资产，不必再向政府交纳使用费；机关、部队、学校经政府批准占用的土地，亦不交纳租金和使用费”。“国营企业、国家机关、学校团体及公私合营企业使用国有土地时应一律由当地政府无偿拨给使用，均不再交纳租金。”从此，高度指令性计划调拨的农地非农转用模式形成，同时意味着市场机制随之消失，政府的计划机制和直接的数量调控机制占据主导地位。

从这一阶段政策的主要特点是：①高度垄断的行政计划管理。在实现无市场化之后，市场机制不再起任何作用，国家配置土地资源的主要手段就是行政指令和行政计划，而这些指令和计划不是追求资源配置效率，而是从国家政治、经济、社会发展的目标或是近期城市建设的需要来决策，而对土地的管理则退化为执行指令和计划，土地利用效率低下。②无偿、无期限、无流通、无收益的运行机制。取消了土地市场，用地者无需任何代价就可以长期获得土地使用权，但是这项权利不可以流动，作为重要生产要素的土地所能带来的收益得不到显化，国家的土地所有权演变为行政划拨权，其它的各项权能都失去了现实意义。③奠定了城市与农村分割管理的基础。1949 年的《中国人民解放军布告》中指出：“城市的土地房屋，不能和农村土地问题一样处理"[①],这决定了新中国成立以后,一直实行的是城市与农村土地分割管理的制度,两者间的通道狭窄,并由政府高度垄断。这一点特征的影响保留至今。

单纯计划配置是不成功的,这种资源配置方式从政策设计方面奠定了政府失灵的基础,因为它的突出特征是从体制上放大了政府的能力,将政府作用推至极端,以为政府是一个全部由无私、廉洁、勤奋、公正、没有利益欲望的人组成的,可以像神一样正确地完成所有的事务,是完美无缺的集体。实践证明,这只不过是柏拉图式的社会理论空想和欧文式的社会实验乌托邦。

4.1.2 改革开放后(1979 年至今)

中共十一届三中全会以后,中国转入以经济建设为中心的全面发展新时期,这是新中国成立以来最主要的经济发展阶段,也是中国处于非农产业的迅速发展时期。这一时期工业化、城市化发展引起大量农地被占用现象,"六五、七五、八五"期间耕地分别净减少 3528、184512 和 105313 万亩[②],农地非农化快速发展势头引起了中央的充分重视,相应的政策措施不断出台,可根据政策变化与建设占用耕地的变化特征,将这一时段进一步划分为四小阶段:

4.1.2.1 第一个阶段:酝酿与准备(1979 年～1989 年)

1979 年～1989 年,中国的经济体制改革全面展开,经济发展速度加快,基本建设投资大规模增加,建设用地的需求量不断提升,建设占用耕地的数量急剧攀高,对农地保护情势形成严峻挑战。一方面,1978 年以后,中央与地方逐步推行的财政"分税制"进一步加剧了局势的演化,受经济利益驱动,地方政府在与中央政府的博弈过程中成功地扩张了自身权力,加大了对小城镇基础设施建设和区域经

① 黄贤金,陈龙乾. 土地政策学[M]. 徐州:中国矿业大学出版社. 1998.

② 李元. 中国土地资源(第一卷)[M]. 北京:中国大地出版社. 2000.

济发展的投资力度，农地作为重要的生产要素投入到经济发展的潮流中来，造成农地面积的大量流失。1982 年，新中国迎来了成立以来的第一个耕地占用(净减少)高峰年。仅在 1981 年～1985 年间耕地减少 580.00 万 hm^2[①]。另一方面，土地市场的全面开放也起到推波助澜的作用。1987 年中国首次出让的土地在深圳交易成功，1988 年《宪法修正案》和《土地管理法修正案》，以法律的形式取消了土地使用权转让的禁令；1990 年 6 月，国务院发布了《中华人民共和国城镇土地使用权出让和转让暂行条例》。自此，国有土地有偿使用政策在全国全面实施，土地市场逐步形成。土地市场的发展也从某种角度降低了耕地占用的界限。从 1987 年开始至 1990 年，耕地面积随之大幅减少，全国土地出让面积的变化与耕地面积的变化基本成负相关，相关系数高达－0.994。耕地平均每年减少 11.47 万公顷。[②]严峻的耕地保护形势迫使中央政府不得不开始重视农地非农化的政策建设。

这一阶段的农地非农化政策调控的特点是：

(1) 内生性调控政策的初步建立

① 行政性规制政策的确立阶段。这一阶段中央政府主要通过进入规制的限制调控市场供给和需求，以实现农地非农化的供需平衡。如 1982 年 5 月颁布的《国家建设征用土地条例》、1987 年 10 月颁布的《建设用地计划管理暂行办法》、1989 年 9 月颁布的《国有土地使用权有偿出让收入管理暂行实施办法》和 1990 年颁布的《中华人民共和国城镇国有土地使用权出让和转让暂行条例》，这些法规的实施基本确立了中国农地非农化供应的“进入制＋批租制”的制度模

---

① 蔡运龙，傅泽强，戴尔阜．区域最小人均耕地面积与耕地资源调控[J]．地理科学．2002/57(2)：pp. 12—19.

② 刘田．将供地革命进行到底——中国土地市场建设的趋势与理念[J]．中国土地．2001(10)：pp. 16—21.

式;尤其是 1986 年 6 月颁布的《中华人民共和国土地管理法》,以及 1988 年 4 月的《土地管理法》修正案,明确了农村土地产权制度,规定划拨用地的范围,标志着农地非农化配置的进入规制步入了依法、规范的道路。

② 社会性规制政策的起步阶段。政府开始重视农地资源保护工作,并颁布一系列保护农地的政策、法规。如:1986 年 6 月 25 日中国通过了《中华人民共和国土地管理法》,规定国家实行土地用途管制制度,严格限制农用地转为建设用地,控制建设用地总量,对耕地实行特殊保护;1987 年 6 月 11 日农牧渔业部、国家土地管理局发布《关于在农业结构调整中严格控制占用耕地的联合通知》。1990 年全国人大七届四次会议上将“切实保护耕地,十分珍惜和合理利用每一寸土地”确定为基本国策之一。这些政策法令的颁布与实施使土地资源开发利用的结构渐趋合理,土地生态条件得到改善。

③ 经济性规制政策的尝试阶段。1984 年是中国进行城市经济体制改革的关键一年。该年辽宁省抚顺市开始了全面征收城市土地使用费的试点。在以后几年中,各地陆续开征城市土地使用费。1987 年 4 月,颁布《中华人民共和国耕地占用税暂行条例》,决定开征耕地占用税。1988 年 9 月 27 日,国务院发布《中华人民共和国城镇土地使用税暂行条例》,规定自 1988 年 11 月 1 日起在全国范围内开征城镇土地使用税。耕地占用税和城镇土地使用税的开征拉开了中国农地非农化配置经济规制政策尝试的序幕,自此,中国政府开始了运用经济手段控制非农用地配置的探索之路。

(2) 外生性调控政策的雏形

1986 年,提出了加强土地行政管理、建立和完善土地管理法规和管理机构等要求。同年第一部《中华人民共和国土地管理法》颁布,以及做出建立城乡地政统一管理体制的决定,初步形成了中央、省、地(市)、县(市)、乡(镇)五级土地管理体系。同时,国务院于 1988 年颁布了《土地违法案件处理暂行办法》等 14 个部门规章,建立了与土地管理体系相协调的监督监察机制,形成了中国政府型规制政策的雏形。

4.1.2.2 第二个阶段:建构后的渐变(1990 年～1996 年)

1992 年,邓小平同志的南巡讲话结束了对计划与市场之间关系的长期争论。党的"十四大"正式确立中国经济体制改革的总目标是建立社会主义市场经济体制。90 年代以来,中国的社会经济发展逐渐步入正途,经济体制改革在实践中不断完善、成熟,改革的日趋理性化使得政府对政策规制的重要性有了进一步的认识,进而促使社会经济和政策制度建设均进入一个全面发展的新时期。

1992 年开始在全国范围内全面推广土地有偿出让制度,到 1992 年底,土地出让试点工作已覆盖除西藏外的全国 29 个省(市、区),经济特区和部分沿海城市已普遍采用土地有偿使用制度。到 1994 年,全国依法出让的土地占新增建设用地供应量的比例已上升到 20%左右,土地转让现象也明显增加。土地有偿使用制度的推行活跃了城市土地市场,但接踵而至的,是 1994 年～1996 年的"房地产热"和"开发区遍地开花"现象,以及耕地资源的大量流失。据统计:1991 年～1995 年,中国耕地平均每年减少 400 多万亩。同时,土地闲置现象严重。按照中央 1997 年 11 号文件精神,对 1991 年～1996 年期间的非农业建设项目用地进行清查,结果表明:全国征而未用的土地就有 174.7 万亩;全国各类开发区实际占用 348 万亩,已开发利用土地 278 万亩,闲置土地 61 万亩,其中撂荒耕地 32 万亩,开发区闲置土地数量占全国土地闲置总量的 35%。① 随着社会经济状况的发展变化以及市场经济体制改革目标的明朗化,政策的市场化建设与农地资源的保护成为这一阶段政策关注的焦点问题。

这一阶段农地非农化政策的特点是:

(1) 内生性调控政策的逐步发展阶段

① 李元. 中国土地资源(第一卷)[M]. 北京:中国大地出版社. 2000.

① 行政性规制政策的逐步规范阶段。这一阶段颁布的行政性规制政策较少,政策发展相对缓慢,政策建设主要体现在政策自身的完善和规范。1992 年,国家土地管理局颁布了《划拨土地使用权管理暂行办法》,要求进一步规范划拨用地的使用范畴。1994 年 7 月颁布了《中华人民共和国城市房地产管理法》,规定自 2002 年 7 月 1 日起出让国有土地共有四种方式:协议、招标、拍卖、挂牌。城市规划区内的集体所有的土地,经依法征用转为国有土地后,该幅国有土地的使用权方可有偿出让。1994 年 8 月国务院颁布了《基本农田保护条例》,规定了建设占用基本农田的审批权限。这些政策的颁布与实施进一步确定了农地非农转用的审批权限,表明行政性规制政策进入逐步完善和规范的发展阶段。

② 经济性规制政策的全面推行阶段。1992 年 3 月,财政部针对国有土地有偿出让制度颁发了《关于进一步加强国有土地使用权有偿出让收入管理工作的通知》,同年 12 月又颁布了《关于国有土地使用权有偿使用收入征收管理的暂行办法》,标志着土地市场化改革向前迈进了历史性一步。1993 年 12 月财政部颁布了《中华人民共和国土地增值税暂行条例》,决定自 1994 年 1 月 1 日起在全国开征土地增值税。1995 年 1 月颁布了《中华人民共和国土地增值税暂行条例实施细则》,进一步细化土地增值税的实施程序。这些政策的颁布意味着农地非农化配置的经济性规制政策逐步迈上规范化的轨道。

③ 社会性规制政策的逐渐加强阶段。这一时期国家已相当重视农地数量的保护,并开始了基本农田保护县级试点工作的探索。相继出台了一系列的农地保护政策,如:1992 年 11 月国务院颁布的《关于严格制止乱占滥用耕地的紧急通知》,针对耕地浪费严重的现象提出治理整顿措施。1993 年 3 月国家土地管理局颁布了《土地利用总体规划编制审批暂行办法》,明确了土地利用总体规划在农地保护中的重要地位。1994 年十四届三中全会将“十分珍惜和合理利用每寸土地、切实保护耕地”列为中国一项基本国策。1995 年 1 月 1

日,《中华人民共和国土地管理法》颁布实施。1995 年 2 月 17 日,农业部发布《关于立即制止乱占耕地的通知》。1997 年发出了《关于进一步加强土地管理切实保护耕地的通知》。国民经济的宏观调控和一系列农地保护条例、法规的出台使耕地占用的增长势头有所控制。尤其是 1996 年,由于实施严格的土地用途管制政策以及耕地资源总量动态平衡战略,加之国家对于金融市场运行的有效控制,使得耕地占用效率提高,数量减少,并且部分年份如 1996 年、1997 年耕地总量比 1995 年有所增加①;但此时快速发展经济仍然是各级政府工作的重心,对农地非农转化的政策建设的重视程度有限,特别是地方政府的利益具有相对的独立性,因而耕地减少的趋势并没有得到根本遏制。

(2) 外生性调控政策的内涵延伸阶段

这一阶段的政府型规制政策逐步引入经济激励机制调节政府间的关系,拓展了政府规制政策的内涵。主要表现在 1992 年 3 月财政部颁发的《关于进一步加强国有土地使用权有偿出让收入管理工作的通知》,要求地方政府按规定向中央财政上交国有土地使用权出让收入。1992 年 12 月财政部《关于国有土地使用权有偿使用收入征收管理的暂行办法》,第一次将出让土地使用权所得称为"土地出让金",并将上交中央财政部分的比例下调为 5%。这些政策的实施表明,政府开始改变原有行政命令方式的单一激励引导,逐步尝试采用包括经济性激励在内的多元化方式调整政府间关系,政府型规制政策的内涵得到延伸和发展。

4.1.2.3 第三个阶段:困顿中的拓展(1997 年~2004 年)

世纪之交,是一个承前启后、继往开来的重要时期。中国社会经济生活发生重大变化,在改革的过程中,由于技术层面的超前和制度层面(主要是产权制度)的滞后,既得利益集团(地方政府)开始形成

---

① 李元. 中国土地资源(第一卷)[M]. 北京:中国大地出版社. 2000.

并不断壮大，城乡差距不断拉大，大量失地农民进城以及城市化进程造成耕地锐减。由于非农业发展过速，经济增长超出了规划的预期，地方政府吸引投资的迫切、投资主体对“效益最大化”的追求等综合作用，位于城市周边的基本农田不可避免地成为新时期工业化城市化进程中的“牺牲品”。尤其是2000年以后，虽然国家提出了“耕地总量动态平衡”、“基本农田保护”、“加强土地利用总体规划”、“加强土地宏观调控”等一系列土地政策保护耕地，然而由于规划失去效力，土地监管不力，加入WTO及新世纪中国经济增长势头强劲，市场经济条件下价值规律的作用等等现实原因使得耕地数量锐减呈不可阻挡的趋势。

1997年～2004年，中国非农建设占用耕地累计19670.56hm^2，增加了8.6%，其中占全国耕地减少总量的15.55%。尽管中央三令五申严控建设占用耕地，但2001年～2004年非农建设用地占用耕地的势头仍然呈现加速增长的态势。而且，经济发达地区非农建设占用耕地尤为突出，如1997～2004年间非农建设占用耕地总面积列在前5位的有江苏、山东、浙江、河南和广东省，合计占用耕地面积占全国非农建设占用耕地总面积的40.41%。① 建设用地规模的不断扩张直接导致了农田的大量丧失，并且随着经济增长和工业化、城市化的快速发展，建设占用造成耕地永久性的流失，对耕地资源的可持续发展造成了极大威胁。尤其表现在华北平原、长江三角洲和珠江三角洲等粮食主产区，由于建设占用耕地使本来就已经十分稀缺的耕地变得更为紧张。毋容置疑，国家粮食安全受到严重威胁。严峻的形势迫使中央政府不得不重新审视农地非农化配置的公共政策体系，以探寻应对的途径。

1997年～2004年，中国农地非农化配置的公共政策进入一个彷徨和迷茫期。一方面，政府继续沿用前一阶段以市场型规制政策为

① 樊志全.全国土地利用变更调查报告(2004)[M].北京:中国大地出版社.2005.3.

主导的施政策略，加大施政强度，加强农地非农转用的管理，相继颁布了一系列的政策措施，颁布政策数量达到自解放以来的峰值；另一方面也摸索着对原有施政策略进行适当的调整，以图为打破困顿找到新的出口。

这一阶段公共政策的特点是：

(1) 内生性调控政策的强化与规范阶段

① 行政性规制政策的强化与扩展阶段。首先，自 1997 年开始至 2004 年间，国务院以发出严格禁令形式，两次冻结农地转用审批。农地转用的审批管理的力度增强，政策弹性缩小。1997 年 5 月中共中央国务院《关于进一步加强土地管理切实保护耕地的通知》提出，严格建设用地审批，冻结农转非一年。其后，国家土地管理局又颁布《冻结非农业建设项目占用耕地规定》，规定除三类建设项目外，其他各类非农业建设在冻结期间都不得占用耕地；确实需要占用耕地的，报国务院审批。1998 年 3 月中共中央办公厅、国务院办公厅又颁发了《关于继续冻结非农业建设项目占用耕地的通知》，要求自 1998 年 4 月 15 日起至《中华人民共和国土地管理法》修改后颁布施行之前，继续冻结非农业建设项目占用耕地。这次冻结审批是自新中国成立以来政府第一次以如此强硬的态度对待农地转用问题，也说明农地转用态势的严峻性。2004 年 4 月国务院办公厅《关于深入开展土地市场治理整顿严格土地管理的紧急通知》，再次规定："除急需的重点建设项目用地外，暂停审批农用地转非农建设用地半年。"2004 年 6 月国土资源部、国家发展改革委员会《关于在深入开展土地市场治理整顿期间严格建设用地审批管理的实施意见》规定，停止审批城市建设用地。对能源、交通、水利和农业、城市公共设施、卫生、教育项目以及国防军事、军工等重点建设项目，半年内可以继续报批。第一次以"区别对待"的方式，缓解"一刀切"调控的弊端。两次冻结审批对遏制农地非农转用发挥了一定的作用，但并不能从根本上解决社会经济增长与农地保护之间的矛盾。

其次，加强行政性规制政策的规范化管理。1998 年开始，逐步加强行政性规制政策的规范化管理。1998 年 8 月全国人大颁布了《中华人民共和国土地管理法》(修订)，明确提出以土地用途管制制度代替限额审批制度。随后，1999 年 6 月，国土资源部颁发了《土地利用年度计划管理办法》，发布了国家对计划年度农用地(含耕地)转用计划指标的具体安排，并逐级下达控制。2001 年 6 月，国土资源部《关于整顿和规范土地市场秩序的通知》，提出土地市场整顿的重点，明确六项基本制度。2001 年 10 月颁布的《划拨用地目录》，重新明确划拨用地的具体范围，界定划拨用地的使用范畴。2004 年 11 月国土资源部《关于完善农用地转用和土地征收审查报批工作的意见》严格控制农用地转用和土地征收报批条件。2004 年 11 月，国土资源部《土地利用年度计划管理办法》(2004 修正)，严格规定农用地转用计划指标，对计划年度农用地转用量制定了详细的具体措施。首次提出"城镇用地增加与农村建设用地减少相挂钩"的土地利用年度计划管理原则。这些政策的颁布与实施均加强了供地政策的改革，促进行政性规制政策向规范化管理迈进。

再次，将供应规制纳入行政性规制体系，2001 年 4 月颁布的《关于加强国有土地资产管理的通知》规定：严格划拨范围，推行土地储备制度。由此改变了原先单一的进入规制调控供求的局面。

② 社会性规制政策的强化与延伸阶段。1997 年，中央形成了"要用世界上最严厉的措施来保护耕地"的共识，决定从体制、机制和法制上实施标本兼治，扭转人口增长而耕地大量减少的失衡局面，并且在同年 4 月出台的《中共中央国务院关于进一步加强土地管理切实保护耕地的通知》中提出冻结非农建设项目占用耕地一年，并在此期间内完成《土地管理法》的修改。1998 年 9 月，国务院《关于加强土地利用总体规划工作的通知》要求把土地利用总体规划修编作为实施《土地管理法》的重要措施，严格保护基本农田，控制非农业建设占用农用地。2004 年国务院办公厅发出《关于深入开展土地市场治理

整顿严格土地管理》的通知，又一次暂停审批农地转用，并随后颁布了《国务院关于深化改革严格土地管理的决定》，不但强化解冻后的审批管理，同时更为强调对失地农民的保障。由此可见，随着对土地价值的认识和农业用地保护意识的加强，近年来的农地保护政策不仅强调从自身层面增强管理效率，而且逐步尝试通过加强行政性规制政策力度，进而保障农地保护政策的实施。

(2) 外生性调控政策的崭新探索阶段

1998 年，全国人大常委发出通知，向全民广泛征求土地管理法修订草案的修改意见，并在此基础上最终确定了新修订的《土地管理法》。1998 年颁布实行的新《土地管理法》，强调了对农地非农转用管理，加大了对土地违法者的处罚力度。2004 年 3 月《中华人民共和国宪法》修正案，明确规定“国家为了公共利益的需要，可以依照法律规定对土地实行征收或者征用”。明确提出征地行为的政府作用边界，减少了行政性规制中政府行为的不确定性因素。2001 年 10 月国土资源部颁布的《征用土地公告办法》，规定对征用土地情况、征地补偿标准和农业人员安置途径予以公告。2004 年 1 月颁布的《国土资源听证规定》，明确了征地补偿安置听证制度，引进被征地农民参与协商机制。2004 年 7 月财政部、国土资源部出台的《用于农业土地开发的土地出让金收入管理办法》，加强对农业土地开发的土地出让金收入管理检查、监督和考核。2004 年 11 月颁发的《关于完善征地补偿安置制度的指导意见》，强调农村集体经济组织和农户对于征地程序有知情权。2004 年，中央提出要积极探索集体非农建设用地进入市场的途径和办法，明确界定政府土地征用权和征用范围，遵守审批权限和审批程序，严格区分公益性用地和经营性用地，控制征地规模，建立严格的土地管理责任追究制；同时，开始重视农民利益保障问题，完善城乡用地行政裁决与补偿安置听证制度，为失地农民提供社会保障。这一系列的政府规制政策探索，一方面加强了政府的自律约束机制，增设了更多监督与监察岗，溶释了政府垄断的坚冰；另一方面添加了更多民生和民意要素，政策本身设计更贴近于“亲民”主旨，极大的缓解了农地非农化过程的社会不稳定因素的负面效应。同时也为下一阶段政策改良探索拟定了方向。

4.1.2.4 第四个阶段：探索中的反思(2005 年至今)

进入 21 世纪以后，随着中国经济体制由计划经济向市场经济转轨的纵深发展，面对严峻的资源状况和经济发展形势，别无选择，必须通过加强宏观调控，严格建设用地总量供应和结构调整，引导需求适应供给，有计划的高效使用土地，使有限的土地资源持续满足经济发展的需要。土地作为重要的生产要素之一，对经济建设和可持续发展有十分重要的影响，土地利用的宏观调控，直接关系到国家经济宏观调控政策的有效落实。2004 年，中央政府对土地管理部门定位作出重大调整，国土资源部成为宏观经济调控的重要部门。把有限的土地资源的合理利用与国民经济可持续发展，以及国家宏观调控政策紧密结合起来，积极推动经济增长方式的有效转变，成为新时期政府公共政策建设的核心内容。

2005 年，中国经济依然处于快速发展时期，工业化和城市化进程加快，人口增长与经济发展对土地资源的压力日益加剧，农地非农化状况依然严峻。截至 2005 年 10 月 31 日，全国耕地面积 18.31 亿亩，人均耕地 1.4 亩，比上年度末净减少 524.4 万亩，其中建设占用耕地达 318.4 万亩。[①] 同时，宏观层面的区域土地利用结构差异显化，由于经济发展差距导致的非农建设占用耕地的数量差距日益显著。截至 2005 年 10 月 31 日，东部经济发达地区的耕地面积净减少了 364.3 万亩，而中、西部耕地面积净减少分别为 50.6 万亩、127.5 万亩，各占全国耕地净减少面积的 67%、9%、24%。[②] 能否利用土地政策进行宏观调控，通过对土地资源的总量和结构干预，对经济总体

---

① 樊志全. 全国土地利用变更调查报告(2005)[M]. 北京：中国大地出版社. 2006. 3.

② 樊志全. 全国土地利用变更调查报告(2005)[M]. 北京：中国大地出版社. 2006. 3.

运行进行引导和调节，已成为此期政策调控凸显成效的关键因素。

本阶段政策的特点表现为：

(1) 内生性调控政策的调整与转型阶段

① 行政性规制政策的调整阶段。2005 年 1 月国土资源部颁布《2005 年工作要点》，对建设用地实施“从严从紧”的供应政策。2006 年 5 月国务院常务会议提出“国六条”要求科学确定土地供应规模，加强土地使用监管，制止土地囤积。2007 年 1 月国土资源部根据《国务院关于加强土地调控有关问题的通知》要求，对城市建设用地审批方式做出重大调整，此前由国务院分批次审批的农用地转用和土地征收，将从 2007 年起调整为每年由省级政府汇总后一次申报，待国务院批准后由省级政府负责组织实施、城市政府具体实施。从政策变化走向可以看出：一是进入规制政策的重点开始发生转移，主要放在中央和地方的审批权管理和分配上；二是从土地供应源头出发，加强土地储备体系管理，抑制土地囤积与炒作。

② 经济性规制政策的有序市场化阶段。2006 年 7 月国务院常务会议关于《进一步加强宏观调控工作》规定，提高征地成本，将国有土地使用权出让总价款全额纳入地方预算；调整城镇土地使用税征收标准和耕地占用税征收标准；建立工业用地出让最低价标准统一公布制度等一系列税费调整措施，预示着农地非农化开发走向有序市场化阶段。2006 年 12 月，国土资源部公布《全国工业用地出让最低价标准》，决定从 2007 年 1 月 1 日起，工业用地必须采用招标拍卖挂牌方式出让，其出让底价和成交价格均不得低于所在地土地等别相对应的最低价标准。这些政策的颁布与实施，初步建立了经营性开发用地招标、拍卖、挂牌公开交易的体制，发挥市场配置土地资源的基础性作用。

③ 社会性规制政策的转型阶段。开始从强调农地数量保护向关注农地质量保护过渡。2005 年 2 月，国土资源部《关于加强和改进土地开发整理工作的通知》，拉开了国家投资土地开发整理项目向基

本农田保护区倾斜的大幕。2005 年 4 月,国土资源部、农业部、国家发展改革委员会联合发布《关于进一步做好基本农田保护有关工作的意见》,提出 6 项措施捍卫基本农田这条“红线”,进一步强调农地质量保护的重要性。2006 年 12 月国土资源部关于《土地利用年度计划管理办法》(2006 年修正),进一步提出加强土地管理和调控,严格实施土地用途管制,切实保护耕地,合理控制建设用地总量。这些措施的出台意味着中国农地保护政策日渐强化土地用途管制和土地利用规划在农地保护中的作用和效能,同时政策目标逐步由单纯注重农地数量保护向农地数量与质量保护双项目标合一转型。

(2) 外生性调控政策的全面推进阶段

2005 年 1 月国土资源部《2005 年工作要点》首次明确提出“强化中央政府对土地的调控能力”的决议。2005 年 1 月国土资源部将耕地保有量和基本农田保护面积纳入省长考核指标,实行“行政首长负责制”,将非经济指标——农地保护状况纳入政绩考核指标行列。2005 年 5 月国务院办公厅转发七部委《关于做好稳定住房价格工作的意见》、2006 年 5 月国务院常务会议提出“国六条”、紧接着国务院办公厅下发“九部委意见”,这些政策均提出通过土地调控措施,科学确定土地供应规模,加强土地使用监管,制止土地囤积现象。2006 年 7 月国务院办公厅《关于建立国家土地督察制度有关问题的通知》,决定设立国家土地总督察及其办公室,向地方派驻九大国家土地督察局,监管全国省(区、市)及计划单列市的土地审批利用,加强监察力度。2006 年 9 月国务院《关于加强土地调控有关问题的通知》、2006 年 7 月国务院常务会议《进一步加强宏观调控工作》,要求采取更加严格的管理措施,强化土地的依法管理切实加强对土地的调控。这些政策措施的颁布与实施,初步形成中央政府对农用地总量的宏观调控权,一定程度上明确了中央与地方的权力和责任,对于遏制部分行业过度投资和重复建设、以及提高土地利用效率等方面取得了阶段性成效。

4.2 中国农地非农化政策调控的问题剖析

通过对 1949 年～2007 年中国农地非农化公共政策的阶段性特征分析可以看出:中国农地非农化的政策调控在控制农地非农转用过程中发挥了一定的积极作用。同时结合 1991 年～2005 年建设占用耕地数量与政策颁布数量的关系图(图 4－2),可以发现:政策数量的峰值一般对应着农地转用减少量的谷值,从而进一步验明了上述的观点。但是也可以看出,1998 年以后,虽然代表政策颁布数量的曲线一直保持上升趋势,但是农地非农转用的数量曲线的波动幅度不断增大,说明政策调控对农地非农化的控制效力逐渐减弱,也表明随着市场经济体制的完善发展,以及农地非农化配置状况的不断变化,政策调控在适应新情况、新形势方面的能力逐渐下降,政策调控问题逐渐显现。

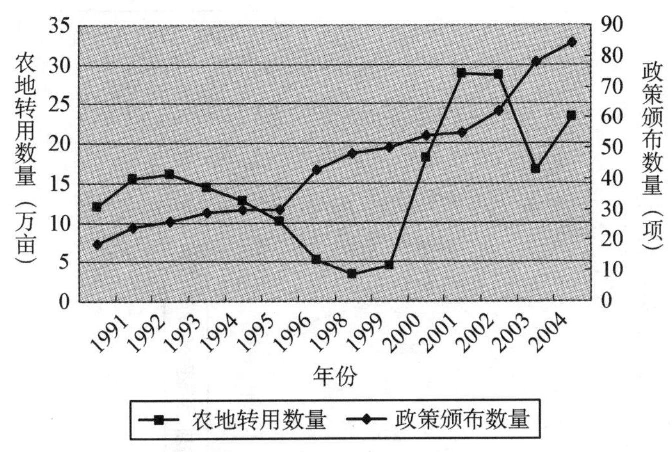

图 4－2 政策数量变化与农地转用量变化的关系图

Fig. 4－2 The relationship between the amount of the policy and the amount of the farmland conversion

4.2.1 中国农地非农化政策调控的双螺旋解析框架

通过对中国农地非农化政策调控的阶段性特征分析发现,导致农地非农化问题的原因基本上可以划分为两大类:一方面是由于政策本身的内在缺陷导致的问题,即内生性政策调控的缺陷导致的政策问题,如政策的择定扭曲问题、政策的适应性问题、政策实际供给的滞后性问题;另一方面是由于政策的外生变量导致的问题,即外生性政策调控的缺陷引发的问题,如政策的双重目标模式、政策执行的悖论。因而本书提出运用双螺旋解析框架进一步剖析农地非农化问题,即政策调控的内生缺陷——内生性调控政策的缺陷和政策调控的外生缺陷——外生性调控政策的缺陷组成了政策问题致因的两个"旋臂"(如图 4-2 示),二者共同作用影响着农地非农化政策调控效力的发挥,它们在演进中的彼此促动和继续倾斜发展趋势成为导致农地非农化问题的根本原因。

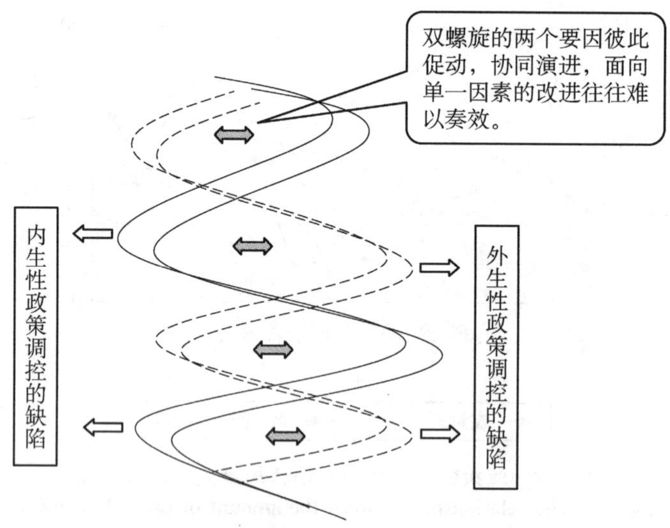

图 4-3　农地非农化公共政策问题的双螺旋架构

Fig. 4-3　Farmland conversion of public policiy issues of double helix structure

单从任何一个方面而论，无论是理论界还是实践中，都提出了一定的改革方案。但是正像同样具有双螺旋结构的遗传基因具有强大的自我复制功能一样，单一方案的解决往往只能起到扬汤止沸的功效，而在循环累积效应的影响下，中国农地非农化政策调控的两个要因彼此促动，协同演进，单一要素的缺陷和问题在螺旋演进的互动中被不断的放大和拉伸，进而偏离原定的政策方案目标越来越远，政策的失衡问题也将越演越烈。因此，对政策问题的解决必须建立在对双螺旋架构两个方面的整合认识的基础上，才能提出恰当可行的中国农地非农化政策调控改良和完善的思路。由此下文将对两个要因的缺陷进行分析，以便更为深刻地掌握农地非农化问题的症结所在。

4.2.2 中国农地非农化内生性调控政策的问题剖析

4.2.2.1 政策的择定扭曲与持续性偏差

政策的择定扭曲，最为简单的理论概括，是指当一项政策导致某一产品的价格扭曲，而该项政策的目标是为了获得更大的社会收益，以至于不得不实行的扭曲。与通常所说的政府的过度干预和市场不完善所引发的扭曲所不同的是，这种扭曲具有定向的性质，是适应特定政治、经济和社会环境的理性选择。所以说其理性是因为它“为实现当前的目的所提供的手段，而且提供手段的证据是不容置疑的”(罗素，1938)。在世界各国的工业化进程中，经常可以看到各种形式和程度不一的择定扭曲，我国农地非农化过程中也存在这种政策的择定扭曲问题。

在中国农地非农化过程中，面对初始条件的约束——市场发育不完善的常态和政府政策设计的理论贫困，迫使中国政府采取了一套以扭曲土地要素价格为主要内容的农地非农化的行政性规制政策，并建立了一种能够不依赖市场机制的资源配置方式和直接的供应渠道，通过进入规制和供应规制弥补市场机制的缺陷和控制农地非农化的趋势。1982 年 5 月颁布的《国家建设征用土地条例》、1987

年10月颁布的《建设用地计划管理暂行办法》、1989年9月颁布的《国有土地使用权有偿出让收入管理暂行实施办法》和1990年颁布的《中华人民共和国城镇国有土地使用权出让和转让暂行条例》，这些政策措施的实施确立了中国农地非农化供应的"进入制＋批租制"的制度模式。在这种政策安排下，农地非农化的供应和定价基本由国家垄断，而且存在政府人为的压低农地非农化价格的问题，农地产权的所有者和使用者不得不依照计划价格将农地转为非农用地。以图4－4为例说明这种低价数量控制的基本原理。

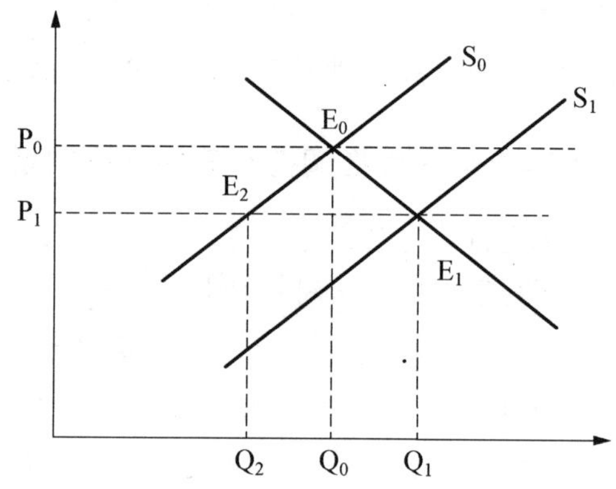

图4－4　低价数量控制的基本原理
Fig. 4－4　The basic principle of low prices control

假定P_0和Q_0为市场均衡条件下的农地非农化价格和数量。在实行低价控制的政策情况下，农地非农化价格被定在市场均衡价格水平之下，如图中P_1。在这种情况下，农地产权所有者和使用者所愿意提供的农地非农化数量和社会需求量之间就会产生缺口，如图中Q_2、Q_1。假设政府确定的数量控制目标为Q_1，则意味着政府强制认为农地产权所有者和使用者的供给曲线为S_1，而不承认实际的边际成本曲线为S_0。这种数量控制手段不仅给农地产权所有者和使用者造成福利损失，同时也造成净收益的损失。

农地非农化行政性规制政策的择定扭曲，是适应特定政治、经济和社会环境的理性选择，在特定的社会经济背景下发挥着积极的作用，虽然可能导致农地产权所有者和使用者的福利损失和净收益的损失，但却是当时克服市场发育不完善和农地非农化快速趋势的必要手段。然而随着社会经济状况和农地非农化趋势的纵深发展，以及市场体系的日渐完善，这种排斥市场机制的政策安排越来越不能适应新形势的要求，政府取代市场功能的经济运行机制缺乏内在的自动调节机制，无法根据市场价值规律和供求关系的变动有效的配置资源，致使农地非农化的流动趋势受限。而且，政策的调整和完善的滞后必将导致政策运行中的持续性偏差，资源配置效率降低，社会福利损失增加。

4.2.2.2 利益的产生与政策的适应性变化

一项政策安排之所以被革新，是因为在现存政策安排下，无法实现潜在利益，行为者产生了对新的政策安排的需求，即是说，一项新的政策安排只有在其能够带来的预期收益大于预期成本时，行为者才会产生对它的需求，并通过各种方式的参与和利益表达渠道，输入政府的决策过程中。这也对政策的发展与更替提出了相应要求，即政府要适时的调整政策以改变行为者的受益条件和范围，以满足行为者对利润和社会公平的追求，促使社会收益在行为者之间公平分配。

在社会系统中，通常由多种变量会影响行为者的收益函数，并促使其尽可能的引发政策安排的变化，如：价值观的进步、风险的分担、交易费用的减少、外部性的扭转等等，而其中最有力的影响因素是利益的产生和促进作用。农地非农化过程是农业用地向非农业用地转化的过程，其中包含着巨大的利润空间，随着工业化、城市化的推进与农地非农化的加速趋势，土地要素的稀缺性导致要素相对价格的攀升，价格的持续变动又会引发利益的追逐，要素独占性使用的吸引力不断增强，行为者之间收益分配的公平性问题愈发重要，相应的收益分配调控政策也被置于显著的地位。然而在中国的农地非农化公共政策中，履行收益分配职责的经济性规制政策恰恰是整个政策体系中的弱项。仅于1987年4月颁布《中华人民共和国耕地占用税暂行条例》，决定开征耕地占用税；1988年9月发布《中华人民共和国城镇土地使用税暂行条例》，规定自1988年11月1日起在全国范围内开征城镇土地使用税；1993年12月颁布了《中华人民共和国土地增值税暂行条例》，决定自1994年1月1日起在全国开征土地增值税；以及颁布了一些相应的税费和补贴措施。但是这些政策的颁布相对于农地非农化过程日益趋增的利润空间、日益复杂的利益主体分配关系而言，可谓是汗牛充栋。尤其在1997年～2004年期间，农地非农化的数量不断增加，而这一时段基本没有出台相应的经济性规制政策，新的经济社会形势下却继续沿用以往的政策措施，低效率、甚至无效率的政策得以维持并运行，政策的适应性显著降低，政策调节资源配置的能力下降，行为者的利益得不到有效的保护。

4.2.2.3 政策实际供给的滞后性与短期化倾向

政策供给相对于政策需求而言表现出的相对供给的匮乏，称其为政策实际供给的滞后性。而政策供给相对于政策目标的多元化取向和可持续发展理念而言的政策设计的短视与非可持续理念，称其为政策供给的短期化倾向。政策的需求变动趋势是影响政策供给的重要因素，但绝非政策供给变化的充分条件。政策实际供给的滞后性和短期化倾向总是事出有因，信息的漏损和失真、构思政策的知识工具的缺陷、意识形态的时滞和刚性，任何一种因素都可能导致政策实际供给的滞后性和短期化倾向。

中国农地非农化的社会性规制政策对于实现农地资源的安全保障而言，存在政策实际供给的滞后性与短期化倾向。一方面政策的颁布总是以补救性的方式登台，缺乏前瞻性和预警性。90年代以来，农地资源安全保障政策的出台总是滞后于建设占用耕地的高峰期，几次政策颁布数量的峰值均在建设占用耕地数量的峰值之后出现,从图 4－2 中可以明显的发现这一趋势。另一方面,政策的内涵总是无法涵盖政策问题本身的全部内容,表现出一定的片面性。1994 年“十分珍惜和合理利用每寸土地、切实保护耕地”的基本国策的提出;1995 年《中华人民共和国土地管理法》的颁布实施;1997 年《关于进一步加强土地管理切实保护耕地的通知》;1997 年和 2004 年两次暂停审批农地非农转用,以耕地占补平衡、基本农田保护、土地用途管制、土地开发复垦为核心的中国农地资源安全保障政策对于控制建设占用耕地数量,提高耕地占用效率发挥了积极的作用,但是政策本身更为偏重于农地资源的数量保护,而对于质量和生态保护的关注有限。以上这些问题均充分说明了社会性规制政策的实际供给的滞后性及其短期化倾向,相对于社会经济发展的需要和生态环境可持续发展的状况而言表现出政策供给的滞后性与短期化倾向。因而,在新的社会经济环境下,要切实实现保护耕地和促进经济发展的双重目标,必须尝试采取多种手段相结合的社会性规制政策调控体系,实现农地资源数量、质量、生态的安全保障。

4.2.3 中国农地非农化外生性调控政策的问题剖析

4.2.3.1 政策的双重目标模式与协调的困境

政府孜孜以求的是政治支持最大化和经济收益最大化的双重目标,政府对政策所肩负的政治目标和经济目标的不同理解是导致各经济发展阶段政策导向性变化的根本原因。在任何主权国家,每一项政策都肩负着政治和经济的双重使命。经济目标遵循的是效率优先原则,它所要求的是形成一个以排他性和可转让的产权结构为核心的政策体系,以提高资源配置的效率;政治目标基本上不受效率优先原则的约束,而主要表现为对社会效益和福利最大化的追求。也就是说,政府对于政策导向性的选择事实上是在政治与经济两种目标的交汇处作出决策。但是问题在于,这种交汇经常表现为一种非均衡的状态,而且彼此之间的协调存在困境。因而,把握一国社会经济特殊发展阶段的政策经济目标与政治目标之间的相互关系，是理解政策的关键所在。

具体地说，在一定的社会经济发展阶段和资源约束下，即社会资源总量给定和假定可以加总的情况下，一个社会投入政治领域的资源越多，则可以投入经济生产的资源就越少，反之亦然。因此，社会资源在政治目标领域和经济目标领域之间的资源配置存在着一种此增彼减的数量交替关系。为了便于进一步的讨论，这里区分两类政治产品：一类是它的供给在一定限度内能改善社会经济系统的运行效率和经济组织效率，从而对经济领域的生产和交换具有直接或者间接的支持作用，称其为政治产品 A；另一类是政治产品不具备上述的作用，其供给更大程度的在于满足社会的公平和安全，称其为政治产品 B。对于社会发展而言，政治产品 A 是非常必要的，只有社会成员的未来规划中能确信他们的报酬与其经济活动中的贡献之间存在一种相对稳定的关系，才可能促进社会经济的发展与进步；政治产品 B 也是相当重要的，对于社会的发展而言，起码的政治稳定是必不可少的，不能指望在社会局势的动荡和政权的变幻莫测中能出现大幅度的经济增长，任何的经济繁荣都是以政治的稳定为前提的。因而采用合理的标准协调两者的关系对于政策的稳定性和效力的发挥具有重要意义。

在中国农地非农化公共政策的演进中，政治目标与经济目标的协调性问题一直是困扰其政策效力发挥的关键问题。不同时期政府的政策偏好系统和效用函数的变化都导致特定时期的政策导向性变化，而很难找到某一时期的政策体系同时完美的实现了政治目标与经济目标的拟合，均是在此消彼涨的困顿中前进。回顾中国农地非农化公共政策的演化过程可以发现：中国政府一直较为重视农地非农化的经济目标与政治目标的实现，但是各阶段的经济目标与政治目标难以实现真正意义上的统一，每一阶段的政治目标偏好或者经济目标的偏好与该阶段的社会经济发展状况、农地非农化状况息息相关。如:①在 1990 年～1996 年,城市化、工业化步伐加快,经济发展对农地资源的需求增加,为满足经济发展的要求,政府对经济目标的追求促使这一阶段的政策偏好发生倾斜。1992 年开始实行国有土地有偿出让制度,1994 年在全国开征土地增值税,1995 年明确土地增值税征收细则,连续出台的一系列经济调控政策表明了这一阶段的政策偏好与政策导向性。相对而言,该阶段的生态与社会安全的政策重视度较低,政策的重心始终偏向于经济目标的实现,这种态势促进了该阶段经济的快速发展,但是也为政治目标的实现遗留了隐患。②1997 年～2004 年,工业化、城市化的快速增长导致建设占用耕地的数量大幅增加,政府对社会安全和政治安全的关注也随之增强,政府的政策偏好也逐渐向政治目标偏移。1997 年、2004 年两次冻结农转非审批;严格基本农田保护;采用土地用途管制代替限额审批制度;控制非农业建设占用耕地。社会安全成为这一阶段政策关注的焦点问题。相对于政府对社会问题的关注而言,经济目标的关注程度较上一阶段有所下降,表现在该阶段相关经济调控政策的明显减少和控制力度的降低。通过以上两个阶段的政策发展状况的特征分析可以看出,政府对于经济目标和政治目标的追逐表现出循环交替往复的态势:“追求经济目标→经济形势好转、社会安全下降→追求政治目标→社会安全增强、经济形势下滑”。这种状态极不利于资源的可持续利用和政策执行的持续性、稳定性。由此可见,政策双重目标模式及其协调的困境已成为影响特定阶段资源配置效率和经济发展状况的重要因素,如何促使政策双重目标模式的协同共进和多种政策手段的协调发展与运用,是目前中国农地非农化政府型规制政策面临的难题。

4.2.3.2 政策的悖论:“政策好、执行难”

新中国成立以来,中国政府相继颁布了一系列农地非农化的公共政策,包括:以“征用制＋批租制”为核心的行政性规制政策;以产权、税费、补贴政策为主要内容的经济性规制政策;以农地资源的数量保护、质量保护和生态保护为要义的农地资源安全保障政策。这些政策设计的初衷均表现出积极的方面和有益的态势，但是在政策的实际执行过程中，由于执行环节的梗阻和滞障，许多政策最终流于形式或者不得其果，即产生了人所共知的政策悖论——“政策好、执行难”问题。

如：行政性规制政策中关于土地征用和划拨用地使用的具体规定，本身政策的设计旨在针对“公益性用地”和“公共利益”征用土地，但是在实际的操作过程中却逐渐演化成地方政府农地非农化利益追逐的“暗箱”。据有关部门的测算，1993 年与 1994 年，全国耕地流失 786 万亩；低价征收造成集体土地收益的大量流失。又如：社会性规制中的农地资源安全保障政策，基本农田保护区的划定原本是以“区划”的形式保障一定数量和质量的农地资源免受非农化的占用，但是实际执行中却存在“划远不划近，划差不划好”的情况，城镇周边和交通干道两侧长期投入多、积累高，生产条件好、产量高的良田、菜地，理应划为一级基本农田，长期不得占用，但在现实中去被作为建设发展用地预留下来。① 这根本违背了政策设计的初衷。又如：经济性规制中征用补偿政策的设置，主旨在于弥补农地非农化过程中失地农民的社会福利损失，然而在政策的执行中存在任意压低补偿标准，拖欠、挪用、截留征地安置费用的现象。这些做法损害了失地农民的利益，容易引发社会不稳定因素。

这里可以运用黑格尔和维特根斯坦的精彩说法解释这种现象：“任何悖论的背后，都有其深刻的原因，即有必然的逻辑关系。”导致这种问题的“病理性”原因，在于长期以来对政策执行过程的忽视，换而言之是对执行政策的执行者的激励和约束的不足，以及对他们之间关系的协调性促进的有限而导致的。从 1979 年～2007 年中国农地非农化公共政策演进的整体脉络可以看出：中国政府一直较为重

---

① 李元. 生存与发展[M]. 北京：中国大地出版社. 1997.

视农地非农化的市场型规制政策建设。自改革开放以来四个时期的公共政策演化特征分析，市场型规制政策逐步经历了“确立→规范→强化→改良”的变迁历程，政策体系相对成熟。而较市场型规制政策的发展而言，政府型规制政策的建设相对薄弱，自2000年后才受到充分重视并逐步得到拓展。在这种情况下，政府的政策执行能力不能得到良好的发挥，政府公共事务的管理能力下降。这也说明了政府型规制政策是中国农地非农化公共政策体系中的薄弱环节和关键环节。由政策外生变量导致的公共政策问题使得政策观念形态的内容在向现实效果的转化过程中遭遇瓶颈，政策理想与政策现实之间的差距拉大。同时也说明政策外生变量在实现政策目标、显现政策价值中占有重要地位。因而必须对“政策执行的偏差”予以充分的重视并加以改进，即加强政府型规制政策的实施力度，促进其完善与发展，以实现整个政策体系的协同进步与资源的优化配置的实现。

综上所述，正像同样具有双螺旋结构的遗传基因具有强大的自我复制功能一样，单一方案的解决往往只能起到扬汤止沸的功效，而在循环累积效应的影响下，中国农地非农化公共政策的两个要因彼此促动，协同演进，单一要素的缺陷和问题在螺旋演进的互动中被不断的放大和拉伸，进而偏离原定的政策方案目标越来越远，政策的失衡问题也将越演越烈。因此，对政策问题的解决必须建立在对双螺旋架构两个方面的整合认识的基础上，才能提出恰当可行的中国农地非农化政策调控改良和完善的思路。由此本书以下章节对两个要因的缺陷进行详细的分析，以便更为深刻地掌握问题的症结所在。

第五章

中国农地非农化的内生性调控政策机理与缺陷分析

经济学的研究认为，理想化的完全竞争产生了帕累托效率，这是一种自发形成的行为，不需要任何公共政策的介入，但是经济现实与之产生了悖离，造成了市场失灵，在这种情况下政府干预成为必需行为。市场失灵为公共部门介入私人事务奠定了理论基础，这种介入反过来对市场也产生深远的影响，而介入的方式主要就是通过形式各异的政策制定与实施。而就中国目前的农地非农化市场而言，不仅存在传统市场体系面临的市场失灵问题，而且面临市场机制尚不健全、市场体系仍待完善等一系列的问题。一方面，中国的市场体系和市场机制还处于培育和发展过程中，社会主义市场经济体制的基本框架还未形成，市场机制无法发挥其应有的资源配置功能；另一方面，由于传统市场体系无法突破自身缺陷，农地利用的非市场价值未能反映在土地利用决策框架之中而导致农地非农配置效率降低。因此，中国特殊的市场状况与市场问题决定了内生性调控政策的界入点并非单一层面，它必须在修正市场不充分同时纠正市场自发调节的不公正后果，而且不能扰乱市场配置资源的基础性作用。

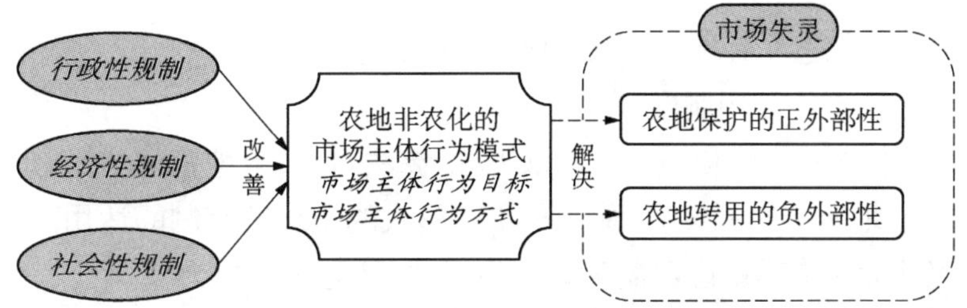

图 5-1　农地非农化的内生性调控政策作用机理图

Fig. 5-1　The mechanism of the endogenous regulation in farmland conversion

5.1　行政性规制政策

5.1.1　中国农地非农化的行政性规制政策要览

行政性规制政策的作用机理是通过政府管理的基本方法、程序及相关标准、违反规则的责任等明确界定市场的进入、退出及供应调配，以确保各类主体在市场经济体制框架中有效的履行各自职能，促进市场经济健康、稳定发展。它的作用是通过影响供求机制，进而促进竞争机制和价格机制向正常轨道上发展。中国目前采用的农地非农化行政性规制政策主要包括：土地征用制度、土地出让制度、土地划拨制度和土地储备制度，其中前三项政策主要针对农地非农化的进入规制；后一项政策主要用于农地非农化的供给调控。

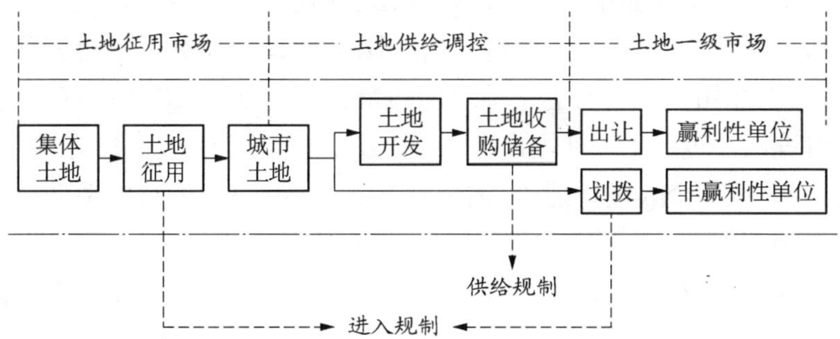

图 5-2　中国现行行政性规制政策运作模式图

Fig. 5-2　The operation mode of current administrative regulation policy in China

5.1.1.1 进入规制——"征用制+批租制"

(1) 土地征用制度

《中华人民共和国宪法》(以下称《宪法》)和《土地管理法》规定了现行土地所有制的性质、形式和不同形式的土地所有制的适用范围,以及土地的使用、管理制度。中国的全部土地为社会主义公有制。《土地管理法》第二条规定:"中华人民共和国实行土地的社会主义公有制,即全民所有制和劳动群众集体所有制"。因此,中国由于不存在土地的私人所有安排,土地所有制形式上只存在国家所有和集体所有两种形式。

土地征用是政府为了公共目的而强制取得私有上地并给予补偿的一种行为。一般,土地征用具有三个要件:政府特有的权力;只用于公共目的;行使这个权力时必须给予合理补偿。征用土地大部分用以发展社会公用或公益事业,如:道路、公园、基础设施建设等,小部分用于改善低收入者住房的住宅建设及城市再开发。中国的土地征用对象是集体土地,土地征用后,土地将由原来的集体所有变成国家所有。

土地征用制度是国家为了"公共利益"而强制将集体土地使用权转为国有,并对征用土地给予一定补偿的一种制度安排。[①] 1953 年 11 月,政务院通过的《政务院关于国家建设征用土地办法》,第一次确立了我国土地征用制度。1982 年国务院公布的《国家建设征用土地条例》规定:"国家进行经济、文化、国防建设以及举办社会公共事业,可以征用集体所有的土地。"1986 年通过并于 1988 年修订的《土地管理法》,也对土地征用作出了规定。《土地管理法》第 43 条规定:"任何单位和个人进行建设,需要使用土地的,必须依法申请使用国有土地。"第 44 条规定:"建设占用土地,涉及农用地转为建设用地的,应当办理农用地转用审批手续。"《土地管理法》第 2 条规定:"国

① 王小映. 论我国农地制度的法律建设[J]. 中国农村经济. 2002(2): pp. 12—18.

家为了公共利益的需要,可以依法对集体所有的土地实行征用。”《宪法》第 5 条规定:“国家为了公共利益的需要,可以依照法律规定对土地实行征用。”2004 年宪法修正案规定:“国家为了公共利益的需要,可以依照法律规定对土地实行征收或者征用。”这一修改,体现了我国坚持“以人为本”的理念,以维护、保障农民权益为基本宗旨,既确定了国家为了公共利益的需要有权征收、征用公民个人财产和农民集体土地,又确定了国家实施征收征用必须遵循目的正当性(公共利益)、程序正当性(依据法律规定)和必须给予被征收人、被征用人补偿的基本原则。这对于保护农民权益,规范国家权力具有重大意义。

土地征收或征用制度的相关规定除在《宪法》、《土地管理法》中涉及以外,在《土地管理法实施条例》等法律、法规中也有相关条文,这些法律、法规详细规定了征地的实施原则、审批权限、征地程序等内容。详见表 5 - 1。

表 5 - 1　中国土地征用制度的相关政策规定

Table 5 - 1　The policy of the land requisition system in China

征地原则	法律依据	《土地管理法》(2004)第 43 条	《宪法》(2004)10 条第 2 款	《城市房地产管理法》(1994)第 8 条
	条款内容	任何单位和个人进行建设需要使用土地的,必须依法申请使用国有上地;前款所称依法申请使用的国有土地包括国家所有的土地和国家征收的原属于农民集体所有的土地。	国家为了公共利益的需要,可以依照法律规定对土地实行征收或者征用并给与补偿。	城市规划区内的集体所有的土地,经依法征用转为国有土地后,该幅国有土地的使用权方可有偿出让。
征地主体	法律依据	《土地管理法》(2004)第 46 条	《土地管理法》实施条例(1998 国务院 256 号令)第 25 条	
	条款内容	国家征收土地的,依照法定程序批准后,由县级以上地方人民政府予以公告并组织实施。	征地补偿、安置方案报市、县人民政府批准后,由市、县人民政府土地行政主管部门组织实施。	

续 表

审批权限	法律依据	《土地管理法》(2004)第45条
	条款内容	① 征收下列土地的,由国务院批准:基本农田、基本农田以外的耕地超过35公顷的、其他土地超过70公顷的。 ② 征收前款规定以外的土地的,由省、自治区、直辖市人民政府批准,并报国务院备案。
征地程序	法律依据	《国土资源部关于完善征地补偿安置制度的指导意见》(2004国土资发238号)第3条
	条款内容	① 告知征地情况,当地国土资源部门以书面形式告知被征地农村集体经济组织和农户。 ② 确认征地调查结果,当地国土资源部门对拟征土地的调查结果应与被征地农村集体经济组织、农户和地上附着物产权人共同确定。 ③ 组织征地听证,被征地农村集体经济组织和农户对拟征土地的补偿标准、安置途径有申请听证的权利。

(2) 土地出让制度

土地出让是国家将国有土地使用权在一定年限内出让给土地使用者,由土地使用者向国家支付土地使用权出让金的行为。中国各用途土地使用权的最高出让年限分别是:居住用地70年;工业用地50年;教育、科技、文化卫生、体育用地50年;商业、旅游、娱乐用地40年;综合或其他用地50年。在土地使用权流转过程中,国务院代表国家,是土地所有权的唯一代表,市县各级政府土地管理部门为具体的出让执行者;“受让方”土地使用者可以是除法律特殊规定以外的中华人民共和国境内外的公司、企业等组织和个人(即法人和自然人)。

土地出让制度是土地使用制度的重要组成部分。《中华人民共和国城市房地产管理法》和国土资源部第11号令规定,自2002年7月1日起出让国有土地共有四种方式:协议、招标、拍卖、挂牌。协议出让土地制度,是指通过洽谈协商方式出让土地使用权的制度。土地使用权招标、拍卖、挂牌出让制度,是指商业、旅游、娱乐和商品住宅等各类经营性用地,必须以招标、拍卖或者挂牌方式出让,上述以外用途的土地的供地计划公布后,同一宗地有两个以上意向用地者的,也应当采用招标、拍卖或者挂牌方式出让的制度。随着市场经济改革的深入和土地市场的日益完善,招拍挂方式成为国家和政府鼓励的主要出让方式。

2002 年 7 月 1 日起施行的《招标拍卖挂牌出让国有土地使用权规定》对经营性土地使用权出让的原则、程序、条件和违法违规行为的法律责任作了全面规定。2004 年 3 月,国土资源部、监察部联合下发了《关于继续开展经营性土地使用权招标拍卖挂牌出让情况执法监察工作的通知》(即"71 号令"),要求从 2004 年 8 月 31 日起,所有经营性的土地一律都要公开竞价出让。2006 年 7 月 31 日,国土资源部出台《招标拍卖挂牌出让国有土地使用权规范》和《协议出让国有土地使用权规范》,并于 8 月 1 日起正式实施。《规范》中明确提出了"用地预申请制度"。

(3) 土地划拨制度

土地划拨制度是指县级以上人民政府依法批准,在土地使用者缴纳补偿、安置等费用后将该幅土地交付其使用,或者将土地使用权无偿交付给土地使用者使用的一种土地使用制度。是土地使用者通过除出让土地使用权以外的其他方式依法取得国有土地使用权的行为。

根据 1990 年颁布的《中华人民共和国城镇国有土地使用权出让和转让暂行条例》第七章第四十三条一款:"土地划拨指用各种方式无偿取得的土地"。依照本法规定以划拨方式取得土地使用权的,除法律、行政法规另有规定外,没有使用期限的限制。同时,国家土地管理局 1992 年颁布的《划拨土地使用权管理暂行办法》规定:"未经市、县级以上人民政府批准并办理土地使用权出让手续,交付土地使用权出让金的土地使用者,不得转让、出租、抵押土地使用权。"

土地划拨制度的划拨对象是某些特殊用地,主要是指没有营业性收入,依靠国家划拨经费的单位以及某些只有土地无偿划拨方显公平的单位。1986 年颁布的《土地管理法》第 54 条规定:国家机关用地和军事用地；城市基础设施用地和公益事业用地；国家重点扶持的能源、交通、水利等基础设施用地；法律、行政法规规定的其他用地等四大类用地可采取划拨供地的方式。凡列入《划拨供地项目目录》的，可按划拨方式供地。

5.1.1.2 供给规制——土地收购储备制度

土地收购储备制度是政府依法律程序，运用市场机制，按照土地利用总体规划和城市规划，对通过收回、收购、置换、征用等方法取得的土地进行前期开发、整理并进行储存，以供应和调控城市各类建设用地的需求，确保政府能垄断土地一级市场的一种管理制度。

土地收购储备制度的实质是政府权利介入土地市场并对土地的供应实行有计划的分配，其储备土地的范围包括：①无主土地、为政府带征的土地、土地使用期限已满被依法收回的土地和依法收回的荒芜闲置的国有土地及依法被没收的土地；②因单位搬迁、解散、撤消、破产、产业结构调整或其他原因停止使用原划拨的国有土地；③因实施城市规划和土地整理，市政府指令收购的土地；④以出让方式取得土地使用权后无力继续开发且又不具备转让条件的土地；⑤土地使用权人申请市土地储备中心回收的土地；⑥其他需要进行储备的土地。

1996 年，上海成立了我国第一家土地收购储备机构——上海市土地发展中心，随后杭州、南通、青岛、武汉等城市也纷纷成立了土地储备机构。2001 年 4 月 30 日，国务院发出《关于加强国有土地资产管理的通知》，在《通知》中指出：“为增强政府对土地市场的调控能力，有条件的地方政府要对建设用地试行收购储备制度。”依据国务院的通知精神，土地收购储备制度得到快速发展，到目前为止，全国有 250 多个城市相继建立了各种各样的土地储备制度和机构总计达 1624 家。形成了上海模式、杭州模式与南通模式三种土地储备运作模式。

5.1.2 中国农地非农化行政性规制政策的功效评判

中国农地非农化的行政性规制政策改变了中国单一计划配置机

制的土地供应状况，是中国土地供应制度从计划配置走向非计划配置的根本变革。在其建立、完善逐渐发展的历程中，政策的科学性、合理性不断提升，政策的市场化取向愈发明显，对中国土地资源配置的市场化改革发挥了积极的促进作用。然而随着中国农地非农化进程的推进和市场机制的日渐完善，行政性规制政策适应市场经济发展和社会经济环境的能力明显减弱，政策本身的缺陷逐渐显现。

1997年中国首次冻结农用地转用审批，这是行政性规制政策强度与力度最为显著的时期，通过政策实施前后的审批用地与执行情况的比较，以及资料可得年份合法批地率与实际批地率的对比分析，可以清晰地反映出行政性规制政策的政策控制力逐渐下降，新问题不断出现。从表5-2中可以看出，1997年执行冻结耕地转用审批一年之后，1998年与前三年相比，耕地审批与实际用地均有减少，占总审批量与总用地量的比重几乎同样从52%左右下降到43%左右，而且批报率也有所下降，但是从实际占用耕地的情况来看，1995年达到了历年的最高值，实际占用耕地超出批准用地近38%。新《土地管理法》颁布后的三年间，耕地的申报与审批面积明显减少，三年之和还少于1998年全年，但耕地在总量中所占比重又开始回升与前三年水平接近，差别较大的是：批报率大幅下降的同时，实际用地率也降至89%以下，批而不用的现象开始凸显，闲置土地不断增加。

表5-2　1998年前后三年耕地转用审批与执行情况统计表

Tab. 5-2　Statiscs of arale land approving and executing around 1998

年份	申报面积	审批面积	审批比重	批报率	用地面积	用地比重	用地率
94～96	316118	312993	52.53%	99.01%	311765	52.41%	99.61%
1998	239464	225911	43.85%	94.34%	311404	43.33%	137.84%
99～01	250668	197584	52.62%	78.82%	175401	49.95%	88.77%

数据来源：《中国土地年鉴》、《中国国土资源年鉴》，其中审批比重指耕地审批面积占总审批面积之比，批报率指审批耕地转用面积占申报面积的比率，用地比重指实际用耕地面积占实际用地总面积之比，用批率指实际耕地转用面积占审批面积比率。单位：公顷。

同时,据 1994 年～2003 年《中国土地年鉴》和《中国国土资源年鉴》数据编绘的图 5-3 显示,虽然随着中央政府加强对用地审批权的控制,近年来审批用地占申报用地的比例总体上在逐年下降,在 2002 年约为 8%左右,但实际用地的情况并不尽如人意,从 1999 年以前实际用地与审批用地之比接近甚至超过 100%,逐渐降低近至 80%,即从以往的少报多用转为多报少用现象,土地闲置日渐增加。以上这些状况均说明行政性规制政策的效力逐年递减,改革目前的政策设计和施政理念,已经刻不容缓。具体分析其政策问题,可归结为以下几方面:

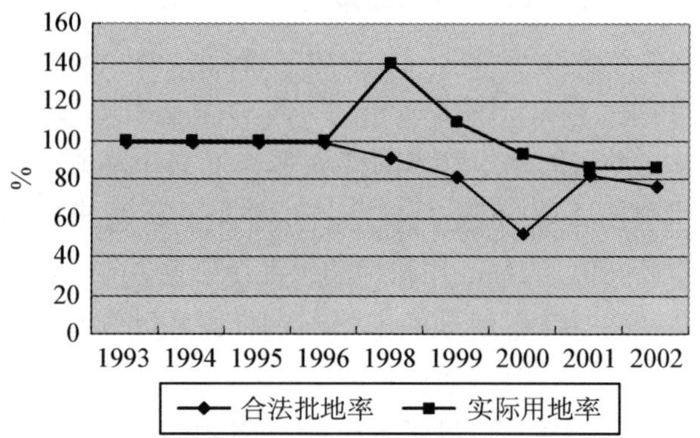

图 5-3 1993 年—2002 年用地审批变化
Fig. 5-3 Changes of land approving in 1993-2002

5.1.2.1 进入规制的高度垄断性

通过对中国现行进入规制政策及其特点的分析可以看出,中国的农地非农化配置无论在土地征用市场还是土地一级市场均由国家作为产权控制主体,即政府高度控制土地供应。目前农地非农化市场管理模式下,经营者这一角色基本上由政府来扮演,并且现行制度安排赋予经营者在农地非农化市场(土地征用市场和土地一级市场)上的垄断地位,这从理论上基本满足了完全垄断市场的三个条件:市场上只有一个销售者；销售的商品没有类似的替代品；新的供给者不能进入。由于缺乏市场机制，这种垄断势必带来更低的交易效率和更高的交易成本。

如图 5-4 所示，设 S_g 和 D_g 分别为居于垄断地位的征用者的供给曲线和需求曲线，S_g 处于高于 S_m 的位置。根据前文一般模型的分析，如果不考虑垄断，那么经营者——最终消费者市场的均衡点为 A，价格为 P_1，初级供给者——经营者市场的均衡点为 B，价格为 P_2，市场差价为(P_1-P_2)，市场交易量为 Q_1。如果考虑政府的垄断行为，供给曲线和需求曲线分别向左上和左下方向移动，那么征用者——最终消费者市场的均衡点为 C，价格为 P_{g1}，初级供给者——经营者市场的均衡点为 D，价格为 P_{g2}，市场差价为($P_{g1}-P_{g2}$)，市场交易量为 Q_2。可以看出，与市场机制相比，垄断市场在征购市场以更低的价格得到均衡，在销售市场则实现了更高的售价，而市场的均衡交易量则得到更多的控制。从最终消费者的角度(Dc)来看，垄断的结果使得消费者剩余减少了 C、P_{g1}、P_1、A 所围成的多边形，其中的矩形部分转移给了垄断的经营者，而其余部分成为社会福

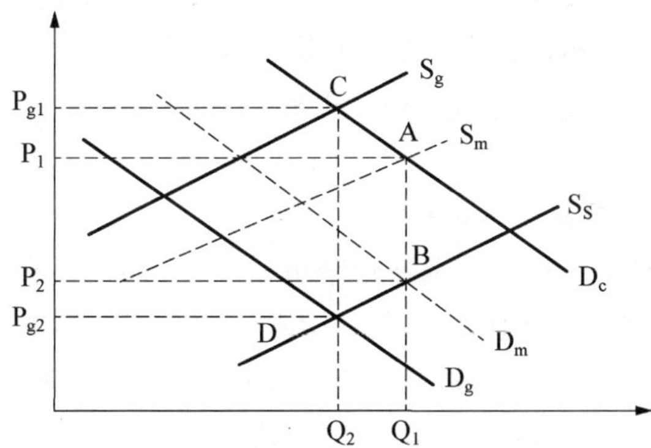

图 5-4　垄断市场的农地非农化供求模型

Fig. 5-4　The supply and demand model of farmland conversion in Monopolized market

利的净损失;从初级供给者的角度来看,垄断则使得生产者剩余减少了 D、P_{g2}、P_2、B 所围成的多边形,其中的矩形部分也转移给了垄断的经营者,而其余部分同样成为社会福利的净损失,加上 A、B 间的小矩形部分,整个社会福利的净损失表现为多边形 ACDB 的面积。

此外,对于垄断的分析同样也隐含着一个假设:政府拥有绝对的垄断地位,没有任何其他的经营者存在。而在事实上,这种情况很难真正实现,这是因为一方面垄断地位的保证需要较高的监督执行成本,更重要的是,只要垄断的征用价格低于 P_2,或者出售价格高于 P_1(见图 5-4),在巨大的经济利益驱动下,就会出现初级的土地供给者通过其他各种形式的中间经营者进入土地市场,而最终的消费者也会尽量寻求其他方式以获得更便宜的土地,这也就是城市土地隐形市场屡禁不止,征地拆迁纠纷愈演愈烈的主要原因。解决这一问题的途径不外乎两条:推行市场机制和加强管制,但后者存在一个矛盾——管制越严,制度成本越高,不但初级供给者与最终消费者的损失加大,社会净福利损失也将增加,也就是说,垄断者以较大差价获得的巨额收益很可能将难以弥补不断增加的制度成本,社会为此付出了昂贵的代价。因而,放松规制力度,发挥市场机制的作用不失为一个较好的选择。这部分分析将在下文中涉及,这里不再详述。

5.1.2.2 进入规制的双轨制特征

纵览中国现行的进入规制政策可以发现,即使在实行土地收购储备制度后,进入规制还是存在有偿出让和无偿划拨的“双轨制”局面。根据 1998 年土地管理法,国有土地有偿使用的方式包括:国有土地使用权出让、租赁、作价出资或入股。但是政府在大力推行土地供应的市场化配置的同时,还设下了一块计划经济的“保护地”,即国家机关用地和军事用地、城市基础设施和公益事业用地、国家重点基础设施用地和法律法规规定的其他用地,可经县级以上人民政府依法批准后，以划拨方式取得。通过划拨方式取得的土地，由于缺乏市场机制的利益刺激和约束作用，其开发使用往往呈粗放性、平面化，忽视了内涵立体的综合开发利用，资源配置效率低下。在当前促进划拨土地入市的制度供给不足和制度“软化”的情况下，划拨土地仍以低效利用的状态保留。由于绝大部分存量土地未能进入地产市场，城市土地市场的需求只能靠大量征用城市郊区的农村土地(耕地)来满足。造成城市土地资源一方面供需紧张另一方面又闲置浪费。双轨制的存在必然带来土地流通中的隐形市场，干扰市场运行的规则。

行政划拨土地使用权并不按土地市场价格确定征用土地的补偿标准，是一种低成本获取土地的途径。拥有行政划拨土地使用权的土地使用者，在土地市场高利的诱惑下，不经土地管理部门批准，不缴纳有关税费，擅自将行政划拨土地使用权投入土地二级市场，称之为土地自发交易。土地自发交易会对正常土地二级市场的产生冲击(如图 5－5 示)。

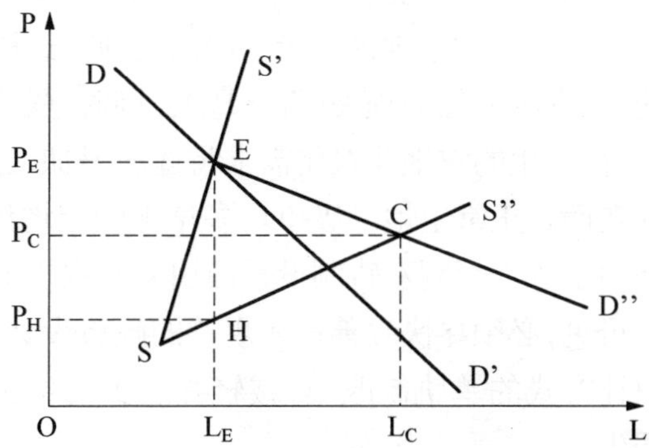

图 5－5　土地自发交易对土地市场的影响
Fig. 5－5　The impact of land spontaneous transactions to land market

设SS'为没有土地自发交易存在的正常土地二级市场供给曲线,DD'为正常土地二级市场的需求曲线。现在,假设存在土地自发交易,由于土地自发交易中土地供给者可以低成本获得土地和偷漏土地交易的相关税费,因此,其供给成本低,可以比正常土地二级市场供给者接受更低的供给价格,其供给曲线为SS",同时将正常土地一级市场的需求曲线由ED'变为ED"。图中E点为正常土地二级市场的供求均衡点,均衡价格P_E(土地转让价格)远高于土地自发交易市场的供给成本(土地划拨价格)P_H,此时土地自发交易最有可能形成。C点为土地自发交易的供求均衡点,Pc为均衡价格(土地自发交易价格),它低于正常土地市场均衡价格P_E。

从图5-5可见,由于存在两种进入方式,土地二级市场实际上存在两种土地价格,一是以出让方式取得的土地转让价格P_E,二是以行政划拨方式取得土地再自发交易的"隐形市场"价格Pc。土地自发交易形成的隐形市场价格严重冲击了正常土地一级市场运作。在E点右侧,市场需求价格不仅没有因为正常土地供给者停止供给土地而升高,反而会因为土地供给者之间的竞争有所下降,直至地价降到P_C时为止,致使正常土地供给者手中的土地在这段期间无法按正常价格转让,蒙受巨大经济损失(P_E-P_C)。同时,受到低价利润的诱惑,从这种途径产生的农地非农化需求将逐渐增加,进而形成由土地自发交易存在而比正常土地二级市场多增加的土地供给量L_E,这个供给量正是由于进入规制双轨制设置而引发的农地非农化配置效率损失。由此可见,必须尽快改善进入规制的政策设计,逐步实现双轨制向有偿出让方式的单轨制改革,减轻并逐步消除由此引发的资源配置效率损失。

5.1.2.3 供给规制的过渡性取向

土地储备制度把分散在各用地主体手中土地重新集中在政府手中,转变了土地市场多头供应的局面,政府在一定程度上垄断了土地一级市场,从而既减少了违法用地、隐形土地市场交易等现象的发生,还极大地增强了政府对土地市场宏观的调控能力,使政府能有效调控土地供应规模与速度。但是土地储备制度只是规范了城市土地有偿使用的供应方式和渠道,以及可以适当的对经营性存量划拨土地起到一定调控作用,却无权动摇无偿划拨使用制度,不能根除城市土地无偿使用造成的种种弊端。同时,由于功能定位的不准确性,各地在运作模式、储备范围、储备手段、资金筹措方面都没有统一的规范,土地储备机构稳定土地市场的调控职能并未得到充分发挥。

中国建立土地收购储备制度归根结底源于中国体制转轨的需要,是为了解决经济转轨过程中产生的土地问题而进行的制度创新,具体而言主要包括两个方面:一方面,经过 20 世纪 80 年代后期土地使用制度的改革,中国创造了一种土地私权即土地使用权,这实际上使中国的土地利用趋于私人化的格局。土地归私人占有或土地归私人所有,可以说是产生土地收购储备制度的深层次原因。目前中国城镇的大多数土地事实上掌握在不同土地使用者手中,政府为了进行公益事业建设以及为低收入群体解决住房问题等都需要由政府对土地使用者实际占有的土地进行收购储备。此外土地市场化的改革,还不可避免地带来如土地投机、土地垄断等问题,政府为解决这些问题,也需要集中一定的土地来控制土地的供应与价格;另一方面,在建立新体制的过程中,中国的旧体制还没有完全破除,表现在中国城镇还存在大量存量划拨土地,把经营性存量划拨的土地也纳入市场化的轨道,中国最初主要采取补缴土地出让金或将部分土地收益抵缴土地出让金等方式,但由于土地使用者缺乏补缴土地出让金的动力或由于经营效益差而无力补缴,致使这些方式在实践中并没有取得理想的效果,反而加剧了土地的隐形交易。因此,通过土地收购储备制度,政府可以将这部分经营性存量划拨土地强制性地纳入市场化的轨道。由此可见,政府对土地的储备,是对土地资源市场配置的补充和调控,而不是取代和取消土地的市场供应,更不能改变非市场化进入方式的不良影响。

同时，随着土地储备制度的推广和深入，其过渡性取向的扩散效应愈发显著，由此引发的问题日益增多。一方面，土地储备机构稳定土地市场的调控职能与追求土地收益的经营目标之间存在内在矛盾。现阶段将土地储备中心定义为政府垄断土地一级市场的“不以盈利为目的”的特殊机构，普遍认为其应该具有调控市场和增加收益的双重职能，且以前者为主，兼顾后者。但在实践操作中，往往忽视土地储备制度的宏观调控职能，而更为重视其经营土地、获取收益的功能。土地储备制度配套以“招、拍、挂”制度更能为城市政府创造收入，焕发了地方政府推动“征用→储备→出让”的积极性，土地储备制度调控供给、稳定地价的作用并未得到充分发挥。另一方面，土地储备制度通过“招、拍、挂”方式供应土地以后，实际切断了土地供给的其他来源，并且供给量被政府垄断和限制，土地市场形成了供给量短缺和来源单一的非竞争规则。从根本上看，“招、拍、挂”方式出让土地只是实现了市场交易形式的市场化。一个有效的市场应该是一个多头供应和多头需求的市场，不仅存在供应与需求的博弈、需求者之间的博弈，供应者之间也应该存在博弈。由此可见，土地储备制度加之“招、拍、挂”方式的供地制度只是实现了土地交易形式的市场化，而不是以有效配置资源的多方供应机制来推动土地市场发展，实际上掩盖了现行土地市场化发育不足的问题。

综上所述，土地储备制度是政府推行土地市场化供应的一种手段，具有明显的过渡性取向，不能把土地储备制度看作是中国行政性规制改革的最终方向。

5.2 经济性规制政策

5.2.1 中国农地非农化的经济性规制政策要览

经济性规制政策是政府侧重于干预市场过程的经济性收益效果

而定义的。它关注社会生产市场过程中的不理想分配,即由市场中不合理的价格形成过程和市场主体的不合理生产过程以及社会主体的要素收益的不合理形成过程。经济性规制政策强调运用经济手段防止资源配置低效的发生和确保利用者公平利用。农地非农化的经济性规制政策(税费与补偿政策)作为经济性规制的重要形式,重点关注农地非农化过程收益分配格局的变化,将农地资源(土地收益)在农地非农化市场主体之间进行分配,从宏观层面强制和诱导土地资源的合理利用,避免闲置与浪费,实现资源优化配置的目标。中国农地非农化的经济性规制主要采取以下两种形式:

5.2.1.1 土地税费政策

(1) 土地税收政策

目前中国独立的土地税种有土地增值税、耕地占用税、城镇土地使用税、房产税和契税等 5 个。而与农地非农化配置相关的税种为土地增值税、耕地占用税与城镇土地使用税 3 个税种。下面重点就这三个税种进行介绍。

表 5-3 农地非农化相关土地税的特征

Table 5-3 The character of the land tax in farmland conversion

	税种	纳税人	计税依据	税率	纳税环节	征税机关
资源税	城镇土地使用税	市(县)、镇和工矿区范围内使用土地的单位和个人	纳税人实际占用的土地面积	据城市规模分为四等,0.2~10 元/m²	保有环节	地方税务机关,1988 年开征
特定目的税	土地增值税	转让国有土地使用权、房地产并取得收入的单位和个人	转让房地产所取得的增值税	四级超率累进税,从 30%~60%	流转环节	地方税务机关,1994 年开征
	耕地占用税	占用耕地建房或从事其他非农建设的单位和个人	纳税人实际占用的耕地面积	据人均耕地分为四等,1.3~10 元/m²	取得环节	地方财政机关,1987 年开征

资料来源:刘书楷.曲福田,土地经济学(第二版)[M].北京:中国农业出版社.2006.整理而得。

① 土地增值税

土地增值税是对有偿转让国有土地使用权及地上建筑物和其他附着物产权、取得增值性收入的单位和个人征收的一种税。国务院于 1993 年 12 月 13 日颁布了《中华人民共和国土地增值税暂行条例》,决定自 1994 年 1 月 1 日起在全国开征土地增值税。财政部又于 1995 年 1 月 27 日颁布了《中华人民共和国土地增值税暂行条例实施细则》,对土地增值税中的相关征收工作细则进行补充。土地增值税的课税,将土地自然增值部分归公,抑制了土地投机行为,使土地能达到合理利用,从而提高了土地利用效率。

② 耕地占用税

1987 年 4 月 1 日,国务院正式颁布了《中华人民共和国耕地占用税暂行条例》,规定:"对占用耕地建房或者从事其他非农建设的单位和个人按照不同税额收缴耕地占用税,用于土地的开发复垦和中低产田的改造。"这一规定使保护耕地逐渐走上了法治化的轨道。作为一种目的税,它最大的作用是有效地调节占用耕地行为,用经济手段来保护我国本已相对匮乏的耕地资源。

③ 城镇土地使用税

城镇土地使用税是以征收范围内的土地为征税对象,以实际占用的土地面积为计税依据,按规定税额对拥有土地使用权的单位和个人征收的一种税。国务院在 1988 年 9 月 27 日发布了《中华人民共和国城镇土地使用税暂行条例》,并于当年 11 月 1 日起实施。城市土地使用税的征收对象是国有土地,征收范围为在城市、县城、建制镇、工矿区范围内使用土地的单位和个人。城市土地使用税的征收采用差别幅度税额。其目的在于合理利用城镇土地,调节土地级差收入,提高土地使用效益,加强土地管理。

5.2.1.2 土地征用补偿政策

表 5-4 土地征用补偿标准一览表

Table 5-4 The list of the compensation standards for Land requisition

	土地征用补偿标准		
法律依据	《土地管理法实施条例》(1998)第26条	《土地管理法》(2004)第47条	《关于完善征地补偿安置制度的指导意见》(2004)第1条
条款内容	① 土地补偿费归农村集体所有。 ② 地上附着物及青苗补偿费归附着物及青苗的所有者所有。 ③ 安置补助费按负责安置单位的不同分别支付给集体经济组织、安置单位、被安置个人。	① 征用土地的,按照被征用土地的原用途给与补偿。征用耕地的土地补偿费,为该耕地被征用前三年平均产值的6～10倍。 ③ 每一个需要安置的农业人口的安置补助费标准,为该耕地被征用前三年平均年产值的4～6倍。 ④ 土地补偿费和安置补助费的总和不得超过土地被征前三年平均年产值的30倍。 ⑤ 被征用土地的土地上的附着物和青苗的补偿标准,由省、市、自治区、直辖市规定。	① 统一年产值倍数的制定。各省制定省域内各县(市)耕地的最低统一年产值标准。 ② 30倍的征地补偿安置费用尚不足以保证农民原有生活水平的,可由省政府统筹安排,由国有土地有偿使用收益予以补贴。 ③ 占用基本农田的,按当地规定最高补偿标准执行。

资料来源:根据1998年～2004年《中国国土资源年鉴》整理。

根据1986年《土地管理法》的规定,“国家为了公共利益的需要,可以依照法律规定对土地实行征用”。土地征用后,对被征用土地与失地农民给予一定的征用补偿。《土地管理法》第47条规定:“征用土地的,按照被征用土地的原用途给予补偿。”“征用耕地的补偿费用包括土地补偿费、安置补助费以及地上附着物和青苗的补偿费。”其中,《土地管理法》第47条规定:“征用耕地的补偿费用包括土地补偿费、安置补助费以及地上附着物和青苗的补偿费。征用耕地的土地补偿费，为该耕地被征用前三年平均年产值的6～10倍。征用耕地的安置补助费，按照需要安置的农业人口数进行计算。需要安置的农业人口数，按照被征用的耕地数量除以征地前被征用单位平均每人占有耕地的数量计算。每个需要安置的农业人口的安置补助费标准，为该耕地被征用前三年平均年产值的4～6倍，但每公顷被征用耕地的安置补助费，最高不得超过被征用前三年平均产值的15倍。依照规定支付土地补偿费和安置补助费，尚不能使需要安置的农民保持原有的生活水平的，经省、自治区、直辖市人民政府批准，可以增加安置补助费。但是，土地补偿费和安置补助费的总和不得超过土地被征用前三年平均年产值的30倍。地上附着物和青苗的补偿费标准由省、自治区、直辖市具体规定。”

2004年宪法修正案将现行宪法第10条第3款“国家为了公共利益的需要，可以依照法律规定对土地实行征用”的规定修改为“国家为了公共利益的需要，可以依照法律规定对土地实行征收或者征用，并给予补偿”。2004年11月《国务院关于深化改革严格土地管理的决定》，其中规定：“土地补偿费和安置补助费合计按30倍计算，尚不足以使被征地农民保持原有生活水平的，由当地人民政府统筹安排，从国有土地有偿使用收益中划出一定比例给予补贴。”同时，2004年11月又出台了国土资发〔2004〕238号《关于完善征地补偿安置制度的指导意见》中明确提出：在有条件的地区，省级国土资源部门可以会同有关部门，在综合地价应考虑地类、产值、土地区位、农用地等级、人均耕地数量、土地供求关系、当地经济发展水平和城镇居民最低生活保障水平等因素的基础上，制定省域内各县(市)征地区片综合地价，实行征地补偿。并在原有安置方式的基础上创新了安置方式，在法律规定原有安置方式的基础上增加了以下安置方式：农民用经过国家批准土地使用权入股；将因征地而导致无地的农民，纳入城镇就业体系，并建立社会保障制度；在本行政区域内为被征地农民留有必要的耕作土地或安排相应的工作岗位;异地移民安置等。此外,还规定,按照土地补偿费主要用于被征地农户的原则,土地补偿费应在农村集体经济组织内部合理分配。

5.2.2 中国农地非农化的经济性规制政策功效评判

经济性规制政策(税费政策和补偿政策)是以经济手段调控农地非农化的重要措施。合理、公平的(税费/补偿)标准应该是完整产品价值的充分体现,并且是买者乐意支付、卖者愿意接受的价格(巴洛维,1959)。农地非农化的经济性规制政策的标准设置源于农地非农化过程损失的确定,即这一过程中"谁受益? 谁受损?"进而对受益者征税、对受损者补偿,协调收益分配差异,拉平边际外部效应,促使市场主体行为向最优外部性解靠拢,实现资源优化配置的目标。因而经济性规制政策补偿标准的确定以及标准的计量依据成为政策实施的前提条件和关键问题,由此引发的相关效应也备受关注。

5.2.2.1 税收调节的弱化

土地税费政策的设置是负强化理论的应用。中国的土地税费制在农地非农化进程中发挥了一定的调节作用:采用高额累进税率,增加占用农地的成本,限制农地向非农用地方向流转,充分发挥税收的调控作用,利用经济杠杆调节农地供给,体现出国家对保护耕地的导向性作用。从表 5 - 5 中可以看出,土地增值税、耕地占用税与城镇土地使用税税收总量依次增加,其比值约为 1 : 3.5 : 6;其实施对于平衡土地外部经济发挥了不可估量的作用。

表 5 - 5 1991 年—2002 年各类税收总量对照表

Table 5 - 5 Profits amount of different kinds of land in 1991 - 2002

年份	土地增值税	耕地占用税	城镇土地使用税
1999	68105	330300	590723
2000	83924	353200	649409
2001	103302	373000	661791

续 表

年份	土地增值税	耕地占用税	城镇土地使用税
2002	205100	573400	768400
合计	460431	1629900	2670323
比值	2.79	9.88	16.19

注:受资料可得性的影响,仅列出 1999～2002 年的数据,以反映基本变化趋势。数据来源:相应年份《中国国土资源年鉴》、《中国统计年鉴》、《中国税务年鉴》。单位:万元。

然而税收的调节机制也存在一些问题,突出表现在税收政策已难以完全适应市场经济的发展,对农地非农化配置调节的导向性作用开始减弱。一方面,税收增长幅度相对较缓,如表 5－6 示,土地增值税增长相对较快,年增长率均在 20%以上,耕地占用税在 2002 年增长率达 54%左右,城镇土地使用税的年均增长率约为 10%。另一方面,政府以税收方式参与土地市场的分配并未得到足够的保障。根据表 5－6 的统计数据分析,城镇土地使用税如果按应税面积计,

表 5－6　1995 年—2002 年全国城镇土地使用税与土地增值税统计表

Table 5－6　Statistics of urban land using tax and land value added tax in China between 1995－2002

年份	总税额	城镇土地使用税应税面积	平均税额	总税额	土地增值税转让收入	税额收入比
1995	33.65	1112280	0.30	0.27	14526798	0.02%
1996	39.42	1213142	0.32	1.12	16541025	0.07%
1997	43.99	1244198	0.35	2.53	18584908	0.14%
1998	54.21	1228353	0.44	4.27	25406551	0.17%
1999	59.04	1197002	0.49	6.81	26582737	0.26%
2000	64.94	1188248	0.55	8.39	40264269	0.21%
2001	66.18	1206635	0.55	10.33	49184088	0.21%
2002	76.84	1248838	0.62	20.51	63709301	0.32%

注:受资料可得性的影响,仅列出 1995～2002 年的数据,以反映基本变化趋势。数据来源:相应年份《中国国土资源年鉴》、《中国统计年鉴》、《中国财政年鉴》。其中,总税额单位:亿元;应税面积由城市建成区面积扣除道路与绿地面积估算,单位:公顷;平均税额单位:元/平方米;转让收入单位:万元。

平均税额在0.3～0.6元/平方米,仅达到国家规定的0.2～10元/平方米的下限。而土地增值税税额占房地产开发中土地转让与商品房销售收入之比平均约为0.21%,如果以可扣除项目占总收入的90%计,土地增值税的实收税率平均仅为2.1%,与国家规定的30%～60%的税额差距较大,更何况其中还未计入存量房地产二次入市的应缴税额。由此可以看出,税收调节机制的适应能力逐渐弱化,究其原因,主要有以下几个方面:

(1) 税负结构不合理

表5-7统计了上述主要土地税收在2002年的实际缴纳情况,从总体上看,土地税收占总税收收入的0.88%,占地方税收与财政征税额的2.09%,在税收中所占份额总体不高。从不同的税种来看,土地增值税的纳税额比重最小。由此可见,在流转环节,土地增值税表面上税率较高,但实际税额却极低;在保有环节,城镇土地税明显偏低;在取得环节,承担耕地保护重任的耕地占用税同样偏低。

表5-7 2002年全国土地税收情况统计表

Table 5-7 Tax statistics of nationwide urban land in 2002

征税机关	财政机关征收	税务机关征收		合计	
税种	耕地占用税	城镇土地使用税	土地增值税	总税收	地方税务与财政征税之和
税额(亿元)	57.3	76.8	20.5	17636.45	7406.16
占地税比(%)	0.77	1.04	0.28		2.09
占总税收比(%)	0.33	0.44	0.12	0.88	

资料来源:2003年《中国税务年鉴》、《中国财政年鉴》。其中总税收指全国税务机关与财政机关当年征税总额。

(2) 税种功能定位缺陷

税种的功能定位不清。税种设计时往往只考虑增加财政收入,而忽视土地税收的其他功能,从而产生政策导向的偏差,造成了税收的经济调节功能失灵,也给偷税、逃税留下了隐患。如土地增值税的征收目的主要是“规范土地、房地产市场交易秩序，合理调节土地增值收益”，但由于其仅对有偿转让并发生增值的行为征税，使得一些纳税者以无偿或低价转让的标准进行申报，不但使税收收入未得到保障，反而扰乱了市场交易秩序。

(3) 课税标准可变更性差

在土地税中，除土地增值税是 20 世纪 90 年代开征的，其余税种均为 80 年代开征，当时制定的税率标准一直未发生变化。课税标准的可变更性差产生一些不良后果：①以面积计征的税收变化不适应价格变化的调节要求。自各税种开征以来，以面积计征的三大土地税的增幅远远低于土地价格的涨幅；②课税标准不适应经济发展的步伐，城镇土地使用税税额偏低，诱使地方政府开设其他收费明目来补充其不足，使税费体制更加不合理；③课税标准过高又导致纳税人寻求其他非法路径以达到少缴税的目的，近年来的土地增值税的征收不力即为典型的例证；④课税标准难以随着当前的公共政策进行调整，如耕地占用税标准长期保持同一水平，在 1998 年国家实行严格的耕地保护政策以来，并未发生较大的变化，明显与其他政策不相匹配。

(4) 征税制度不完善

从征税的角度来看，各项土地税收以地方税务机关征收为主，少数由地方财政机关征收，而中央政府未参与其中。这一方面造成中央政府与地方政府的用地目标发生偏差时，缺少有力的税收工具进行调节，另一方面税务与财政两条线征税除了加大征税成本，没有其他的实际意义。此外，从税务机关而言，由于土地税收的种类多，税额小，没有成为其工作的重心，征收的动力明显不足，再加上土地税收对专业知识和信息处理的要求较高，没有专业的从业人员与机构难以把握征缴尺度，征收难度较大，从而造成土地税收的应缴与实缴数额存在较大差距。

5.2.2.2 非经济价值补偿的缺失

土地征地补偿政策是对外部性给予补贴——正强化理论的运

用。农地非农化过程是农地向建设用地流转的过程，保有一定数量和质量的农地具有很强的正外部效应，为使这种外部性得到更好的发挥，就应当对农地损失者给予补贴。按照谁受益、谁付钱的原则，运用利益杠杆将外部效应内部化，从而达到农地转用数量与质量均衡保护的目标。

现代资源经济学认为，农地作为一种资源性资产，其价值是农地生产力价格和农地无形价值之和，农地无形价值又包括农地对农民所具有的社会保障价值和农地为社会提供粮食安全、生态安全所具有的生态稳定价值（刘慧芳，2000）①。农地价值包括市场（经济）价值和非市场（经济）价值的观点已逐步得到学术界的认可。农地作为农民生活的福利来源和保障，其价值高低与农户社会福利的损益关系密切（赵瑞红，2005）②。同时，对农地价值的认识仅停留在单纯或者狭义的经济价值基础上，意味着农地非农化过程中造成了大量的社会福利（农地生态环境价值与社会价值成分）损失（曲福田，2004）。因而农地非经济价值在土地征用补偿标准中的充分体现，对于实现农地非农化配置的合理收益分配格局，具有举足轻重的意义。

（1）农地社会保障价值与失地农民社会保障机制

农地非农化是农地资源从农业部门向非农部门转移的过程，其本质是对土地利益的重新分配和调整的过程。农地非农转用巨大级差收益的存在使得相关利益主体竟相参与土地级差收益的争夺。在中国，城乡二元结构的土地制度和构筑在集体所有制基础上的农地制度，确立了政府在农地转用中的“仲裁者”地位。现行法律制度框架下，农民无权决定、无权谈判和参与农地非农化过程，更无权争夺土地的增值收益，最终只能得到反差极大的征用补偿费——甚至时常还被政府或者

① 刘慧芳．论我国农地地价的构成与量化［J］．中国土地科学．2000(3)：pp. 15—18.

② 赵瑞红，陈红霞．农地征用补偿安置制度研究综述［J］．南京财经大学学报．2005(5)：pp. 27—31.

集体组织截留。因此，在农地非农化过程中，农民是最大的利益受损者，最应该予以合理、公正的补偿，否则将酿成社会不稳定因素的来源。

中国农村土地更多承载着农业生产和农民生存保障的双重功能，而且随着人口的增加，这种双重功能正在演变为“保障重于生产”。正如有关调查和研究表明①：中国农村土地的生存保障功能效用已达到农村土地总效用的51.32%，高于就业效用(17.74%)，直接收益效用即经济功能(28.70%)，财产继承效用(1.25%)，地产增值效用(0.77%)，让渡土地后重新取得的交易成本(0.22%)。即使农民获取了足够的非农收入，也只有14.6%的人会将土地无偿返还集体，而63.7%的人认为，如果土地返还，他们将很难生存。有关研究表明，中国农村土地的功能演变经历了4个阶段，可见表5-8。正如国内学者研究指出，对许多人均耕地不足一亩的农户来说，耕地已经不具备生产资料的性质，而成了他的社会保障。②

表5-8　中国不同社会经济发展阶段的农地功能转变

Table 5-8　The functional changes of farmland in different development levels in china

主要阶段	主要功能	主要特征
第一阶段(1978年前)	社会政治稳定功能	计划配置，平均主义，大锅饭
第二阶段(1978～1984)	社会稳定为主，经济功能为辅	农村市场微观主体地位的初步确立，粮食供给的大幅增长
第三阶段(1984以来)	经济功能为主，社会稳定为辅	农产品品种的结构性过剩，农业产业结构调整带来了农地收益的提高
第四阶段(未来一定时期开始)	经济功能的最大化实现，潜在的社会稳定功能	农业产业结构日趋合理化，农业劳动力转移加速，土地资源的市场化配置程度提高

备注：主要参考邓大才《家庭承包土地的矛盾、功能与协调》[J].山东大学学报，2000(1)整理。

① 耕地司，规划院联合调研组.征地安置专题调研报告[M].北京：中国大地出版社，2002.

② 温铁军.“三农问题”世纪反思[J].科学决策.2001(1)：pp.2—6.

然而中国的农地征用补偿制度，不足以形成新的失地农民社会保障机制。现行的农地征用补偿是按照被征收土地的原用途给予补偿，土地补偿费和安置补助费是按被征收土地产值倍数计算。它仅仅考虑了土地原有的实际用途，只与农业产值相关，既不考虑农民利用土地的自行选择种植物的权利，也不考虑土地实际生产的可利用价值；既不考虑土地用途改变后增值利益的分享，也不考虑被征地农民失去土地后生产和生活成本更高等因素。这个标准仅把农地作为一种基本的生产资料，忽视了农地转用后的增值收益以及农地的非经济价值，在一定程度上是对农民社会福利的剥夺。

土地征用补偿标准和计量方法的缺陷，引发的直接后果是不容回避的失地农民问题。根据相关的调查，首先是失地问题，按照现行征地制度与经济发展速度，到 2030 年我国失地农民将超过 7800 万人，占现有农民数量的 1/10。① 其次是失业问题，对西部某省 766 名失地劳动力的调查发现，有 35.63%的人仍在以农业为生，19.2%的人进入非农领域，18.9%的人外出打工，还有 26.2%的人赋闲在家。② 第三是失权问题，西部某省 2003 年农民人均收入为 1675 元，而公路项目的征地补偿最高只有每亩 600 元，仅相当于农民三年半的收入。铁路项目每亩补偿 820 元，不足农民人均年收入的五倍。③ 被征地农民失去了赖以生存的土地，没有正常的收入来源，得到的补偿又非常低，这种状况是对社会稳定的潜在威胁。根据中国社会科学院的调查，2003 年以来农民土地权益纠纷已经成为群体性上访第一位的原因。

综上所述，简单的货币安置补偿方式和过低的补偿标准根本无

---

① 刘英丽. GDP 诱惑与失地农民[J]. 新闻周刊. 2004(1): pp. 17—19.

② 中国土地政策改革课题组[J]. 中国土地政策改革：一个整体行动框架. 改革. 2006(2): pp. 6—14.

③ 刘正山. 分税制与解决土地财政之道[J]. 21 世纪经济报道. 2006(9): pp. 4—8.

法解决失地农民未来的生计问题,失地农民有限的征地补偿费一旦用完就可能陷入困境。应积极改变单一的货币安置方式,制定合理的补偿标准,探索多种补偿途径。根据失地农民的要求,建立以社保与就业安置为基础的多元化补偿安置体系,既要保障失地农民的近期的基本生活水平不降低,也要安排好他们的长久生计,使其解除失地的后顾之忧,从而减轻农地非农转用可能引发的社会福利损失。

(2) 农地生态保障价值与生态补偿机制缺失

农地作为一种生态系统类型,其外部性价值,即生态系统服务价值要远远超过其显化的经济价值。由于城市化进程加快,导致已占耕地和将被占耕地数量达到了相当惊人的规模。耕地是一个人工——自然生态复合系统。耕地被征以后,其农产品生产功能(表现为直接利用价值)和生态环境功能(表现为间接利用价值)随之不复存在。耕地在很大程度上具有绿地所具有的物质循环、能量转化、调节气候、保持水土、生物多样性维护和环境净化等多种功能也随之损失。因此耕地的不断减少不但意味着绿地数量的流失,而且也使得原有的生态平衡不断被人为打破,生态环境难以恢复。

农地非农化过程中土地资源受到的损害,理应对征用行为人进行收费,而对土地资源的拥有者和保护者进行补偿。然而中国现行征地补偿制度中,没有把土地征收后所引起的土地生态功能的变化作为研究对象,也没有对其生态价值的损失进行补偿的配套机制。根据国内学者的研究,农地生态服务价值为农用地开发费用、培肥投入折现值和损失收益值三者之和,目前所显化的耕地资源的经济价值只是其总价值中比较小的一部分,平均只占到总价值的16%;而外在于市场的价值(生态服务价值和社会保障价值)占有非常高的比重,平均达到60.3%;其中生态服务价值在耕地资源总价值中的比重,全国平均达到24%。[①] 而征地补偿采用"该耕地被征收前三年平

① 任浩,郝晋珉.剪刀差对农地价格的影响[J].中国土地科学.2003(3):pp.38—43.

均产值的6—10倍”的衡量标准是远远不够的。特别是工农剪刀差的存在，即总收益估算偏低而总费用估算偏高，更加剧了价格的扭曲。按照《全国土地利用总体规划纲要》，2000年～2030年国家控制的建设用地规模将超过363万hm^2，即使这些土地完全是严格按照民法中所界定的“社会公共利益”所为，仍意味着有限的耕地资源在大面积锐减，大量农地被征收并改变其用途，耕地原有的农用价值完全丧失，特别是对人类生活环境密切相关的生态服务价值的丧失，且这种损失是长期的，不可逆转的。如若再不建立相应的生态补偿机制，耕地等自然资源的生态服务价值和功能将不断流失，损失将无法计量，这也反映了现行征地补偿制度的深层缺陷。

未来土地征用补偿制度改进的方向是逐渐将生态补偿机制纳入补偿体系，确立反映土地资源价值、生态价值、发展价值等非市场价值的补偿机制，通过对损害(或保护)资源环境的行为进行收费(或补偿)，提高该行为的成本(或收益)，从而激励损害(或保护)行为的主体，减少(或增加)因其行为带来的外部不经济性(或外部经济性)。纠正后的利益关系应该是，享受因劳动付出而带来的生态服务的主体要支付费用，生产生态服务的主体应得到经济回报；相反，造成生态服务功能损失的主体支付费用，生态服务功能的产权代理人或恢复生态服务功能的主体应得到经济赔偿，从而实现保护农地资源生态保障价值的目标。

5.3 社会性规制政策

5.3.1 中国农地非农化的社会性规制政策要览

社会性规制政策是以保障市场经济主体的安全，保护环境为目的的规制。着眼点在很大程度上是为了维护社会公正、追求社会公益。中国农地非农化的社会性规制政策主要指农地资源安全保障政策。

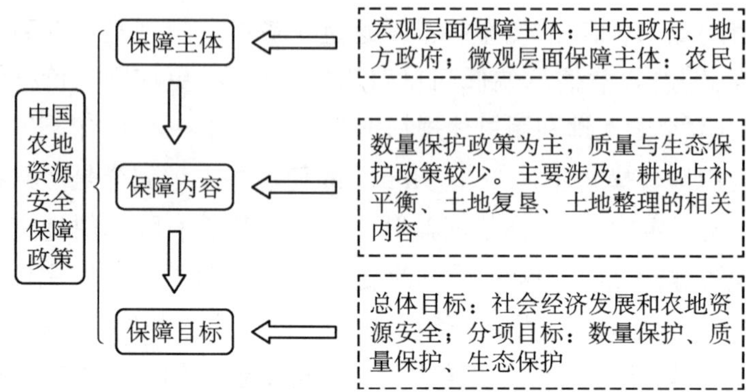

图 5-6　中国农地资源安全保障政策示意图

Fig. 5-6　The introduction of support policy of farmland resource security in China

中国农地资源安全保障政策对实现农地资源和社会经济可持续发展具有重要意义。1998 年九届全国人大常委会第四次会议通过的《土地管理法》,以法律的形式确定了“十分珍惜和合理利用每一寸土地,切实保护耕地”的基本国策。这标志着中国农地资源安全保障政策的总体目标的确立。1999 年 3 月国土资源部颁布的《土地利用年度计划管理办法》,规定实施土地利用总体规划,控制建设用地总量,引导集约用地,切实保护耕地,保证社会经济的可持续发展。进一步提出了实现农地资源安全保障和社会经济发展协同进步的农地资源安全保障政策总体目标。

分项目标主要是实现农地资源的数量安全保障、质量安全保障和生态安全保障。如:1998 年 12 月 24 日新的《基本农田保护条例》,其中第 8 条规定:“明确基本农田保护的布局安排、数量指标和质量要求,促进耕地数量保护与质量保护目标的实现”。又如:2003 年 10 月,国土资源部发布《土地开发整理若干意见》指出:“土地开发整理工作应当根据生态环境建设、农业产业结构调整的战略需要,保障土地资源可持续利用,增加农用地面积,重点增加耕地面积,提高农用地质量，优化土地利用结构，促进土地集约利用，实现数量、质量和生态管护相统一。”

5.3.1.1 中国农地资源安全保障内容的相关政策

中国农地资源安全保障内容主要涉及三个方面：数量安全保障政策、质量安全保障政策和生态安全保障政策，其中，目前中国的农地资源安全保障政策以数量安全保障政策为主，质量安全保障政策相对较少，生态保障政策则更少。

(1) 耕地占补平衡制度中的相关内容

1998 年颁布的《土地管理法》第 31 条规定：“国家保护耕地，严格控制耕地转为非耕地。国家实行占用耕地补偿制度。非农业建设经批准占用耕地的，按照‘占多少，垦多少’的原则，由占用耕地的单位负责开垦与所占用耕地的数量和质量相当的耕地；没有条件开垦或者开垦的耕地不符合要求的，应当按照省、自治区、直辖市的规定缴纳耕地开垦费，专款用于开垦新的耕地。省、自治区、直辖市人民政府应当制定开垦耕地计划，监督占用耕地的单位按照计划开垦耕地或按照计划组织开垦耕地，并进行验收。”在占补平衡政策的具体实施过程中，目前只是考虑数量上的平衡，质量上的平衡还处于探讨阶段，并未具体实施。

(2) 土地开发复垦中的相关内容

土地复垦，是指对在生产建设过程中，因挖损、塌陷、压占等造成破坏的土地，采取整治措施，使其恢复到可供利用状态的活动。1988 年公布的《土地复垦规定》第 4 条规定，土地复垦，实行“谁破坏、谁复垦”的原则。第 11 条规定，复垦后的土地达到复垦标准，并经土地管理部门会同有关行业管理部门验收合格后，方可交付使用。1998 年颁布的《土地管理法》第 38 条规定：“在保护和改善生态环境、防止水土流失和土地荒漠化的前提下，开发未利用土地；适宜开发为农用地的，应当优先开发成农用地。国家依法保护开发者的合法权益。”第 42 条规定：“因挖损、塌陷、压占等造成土地破坏，用地单位和个人应当按照国家有关规定负责复垦。没有条件复垦或者复垦不符合要求的,应当缴纳土地复垦费,专项用于土地复垦。复垦的土地应当优先用于农业。"

(3) 土地整理中的相关内容

1998 年颁布的《土地管理法》第 41 条规定:"国家鼓励土地整理。"2003 年 10 月,国土资源部发布《土地开发整理若干意见》指出,土地开发整理要立足于保护和提高粮食综合生产能力和可持续发展能力,建立适应市场经济规律的管理机制,坚持统筹规划,合理开发利用资源,切实保护和改善生态环境。土地开发整理工作应当根据生态环境建设、农业产业结构调整的战略需要,保障土地资源可持续利用,增加农用地面积,重点增加耕地面积,提高农用地质量,优化土地利用结构,促进土地集约利用,防止水土流失。通过对田、水、路、林、村的综合治理和灾毁土地、工矿废弃地的恢复利用,调整用地结构,改善农业生产条件和生态环境,提高土地利用效益,实现数量、质量和生态管护相统一。

5.3.1.2 中国农地资源安全保障主体的相关政策

中国农地资源安全保障政策涉及的保障主体主要有中央政府、地方政府和农户。其中中央政府和地方政府属于宏观层面的保障主体,而农民属于微观层面的保障主体。目前的中国农地资源安全保障政策中涉及宏观层面保障主体的内容相对较多,而涉及微观层面保障主体的内容相对较少。但对于市场型规制政策而言,更为强调微观层面保障主体的地位和作用,因而本节整理了一些涉及微观层面保障主体的内容如下。

(1) 土地用途管制中的相关内容

实行土地用途管制,是当前规范市场行为和保护耕地不得不采取的措施。1998 年颁布的《土地管理法》第 4 条规定:"国家实行土地用途管制制度。国家编制土地利用总体规划,规定土地用途,将土地分为农用地、建设用地和未利用地。严格限制农用地转为建设用地,控制建设用地总量,对耕地实行特殊保护。"使用土地的单位和个人必须严格按照土地利用总体规划确定的用途使用土地。

中国土地用途管制分为限制转移管制和许可转移管制两种。限制转移管制是指依据土地利用总体规划，划定一定数量的农用地主要是耕地作为特殊保护的区域严格加以管制。对这类特殊保护的区域，不得进行任何形式的转用，若要转用，必须履行严格而又特殊的审批程序，并缴纳高额补偿费用用以再造同等数量、质量的农地，以保持农用地保有量的平衡与稳定。许可转移管制就是根据规划的布局，在一定的条件限制下，允许一部分农地进行规定用途的转用。主要包括农用地内部转移管制、农用地向非农用地的转移管制、耕地后备资源的开发转移管制等。

(2) 基本农田保护中的相关内容

1994 年 8 月 18 日，国务院发布了第一部《基本农田保护条例》，标志着我国正式确定了基本农田保护制度。在总结基本农田保护经验的基础上，1998 年 12 月 24 日制定了新的《基本农田保护条例》，其中，第 15 条规定："基本农田保护区经依法划定后，任何单位和个人不得改变或者占用。"第 17 条规定："禁止任何单位和个人在基本农田保护区内建窑、建房、建坟、挖砂、采石、采矿、取土、堆放固体废弃物或者进行其他破坏基本农田的活动。禁止任何单位和个人占用基本农田发展林果业和挖塘养鱼。"第 18 条规定："禁止任何单位和个人闲置、荒芜基本农田。"《基本农田保护条例》的出台，对于制止乱批乱占耕地，调动农民对耕地增加投入的积极性，协调安排今后若干年的建设用地起到了积极的作用。

5.3.2 中国农地非农化的社会性规制政策功效评判

为切实保护有限的耕地资源，中国政府一直将农地保护作为一项基本国策。应该承认，中国政府的农地保护政策实施对于保护有限的农地资源起到了一定的积极作用，但是，不可否认，政策的运行效果并不理想，政府的农地保护行动出现一些偏差。主要表现在：

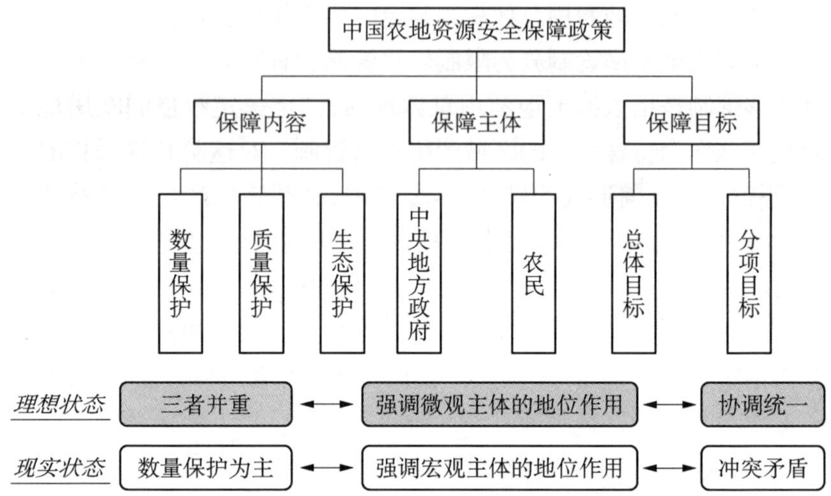

图 5－7 中国农地资源安全保障政策现状与理想状态对比示意图

Fig. 5－7 The comparison introduction of Status and ideal about support policy of farmland resource security in China

5.3.2.1 政策目标的冲突与矛盾

中国农地资源安全保障政策的总体目标是是实现经济社会发展与农地资源安全保护，分项目标是农地资源的数量保护、质量保护与生态保护。尽管从根本上讲、从长期上分析，政府农地资源安全保障政策的总体目标与分项目标和谐统一，但是在实践中，不可否认，有时政策目标之间会发生矛盾与冲突。

政策总体目标实质上具有多元化的特点，包括充分就业、促进经济增长、稳定物价、社会安全等，并且就某一时期而言，政府政策目标的重点会有所不同。政府在实践中进行政策目标的理性选择必然是“利之中取大，害之中取小”，这会影响到整体目标的实现。中国目前仍然是发展中国家，促进经济增长、尽可能快地提高人民生活水准成为当今政府的第一政务。由于土地非农用比农用具有更高的直接经济收益，因此，当社会经济发展目标与农地保护政策目标发生矛盾冲突时，政府的政策选择往往是牺牲后者，导致农地保护目标在冲突中置于弱势地位。

以地方政府的耕地保护行为为例。地方政府作为耕地保护的具体的执行者和承担者，保护耕地意味着地方政府要承担耕地保护带来的巨大的农地非农化损失。由于耕地保护成本的大小随着耕地保护力度的加大、保护规模的增加和保护成效的提高呈边际递增趋势，成本的提升意味着需要占用地方更多的人力、财力、物力资源，增加地方财政支出。对这一地区特别是经济欠发达地区而言，生产粮食越多，就意味着输出资源越多，利益流失越多，机会成本也越高，所以当地方经济发展与耕地保护发生矛盾时，就存在着利益权衡，往往是“理性”地选择比较利益较高的非农用地，而放弃利益微薄的耕地保护行为。

同理，在分项目标之间，和谐与统一的实现也困难重重。相对于农地数量保护的目标实现而言，质量与生态保护目标的实现难度较大，实践操作更为不易。因而目前实践中更多的关注实现单纯的农地数量保护，而忽略或者回避了农地质量和生态的保护，分项政策目标间的协调统一难以实现。

5.3.2.2　政策内容的“量化”印记反思

完整的农地资源安全保障政策体系包括农地资源数量、质量、生态等方面，而目前中国农地资源安全保障政策主要是数量安全政策，虽然质量安全和生态安全近年逐渐被重视，但目前仍然缺乏切实可行的保障政策，特别是生态管护方面注重不够。

表 5－9　1993 年—2005 年耕地面积变化与新增耕地潜力变化表

Table 5－9　Change in the area of cultivated and area of addition potential in 1993－2005

年份	耕地面积	新增耕地潜力
1993	0.95	1.50
1994	0.95	1.47
1995	0.95	1.43
1996	1.30	1.44
1998	1.30	1.40
1999	1.29	1.37

续 表

年份	耕地面积	新增耕地潜力
2000	1.28	1.34
2001	1.28	1.29
2002	1.26	1.26
2003	1.30	1.23
2004	1.30	1.19
2005	1.30	1.16

注:资料来源:《中国国土资源年鉴》,新增耕地潜力采用《全国土地开发整理规划(2001～2010)》的测算结果。新增耕地潜力反映随着开发复垦的深入后备资源的减少,补充耕地的实施难度变化情况。耕地面积单位:亿公顷。新增耕地潜力单位:千公顷。

表 5-9 反映 1993 年～2005 年耕地数量变化和新增耕地潜力变化的情况,从表中可以看出,虽然耕地数量呈逐年增加趋势,但反映耕地质量变化的新增耕地潜力指标却呈逐年下降趋势,这说明中国目前的农地保护政策偏重于数量保护,而忽视对农地质量的保护。从长期发展角度,农地资源安全保障政策应该沿着从以单纯数量保护为主要内容向注重质量与生态保护的层次发展。

5.3.2.3 保障主体间的关系亟待调整

中国农地资源安全保障政策的主体包括中央政府、地方政府和农民,其中中央政府和地方政府属于宏观层面的保障主体,而农民属于微观层面的保障主体。下面以委托代理理论为依据,分析中国农地资源安全保障政策。

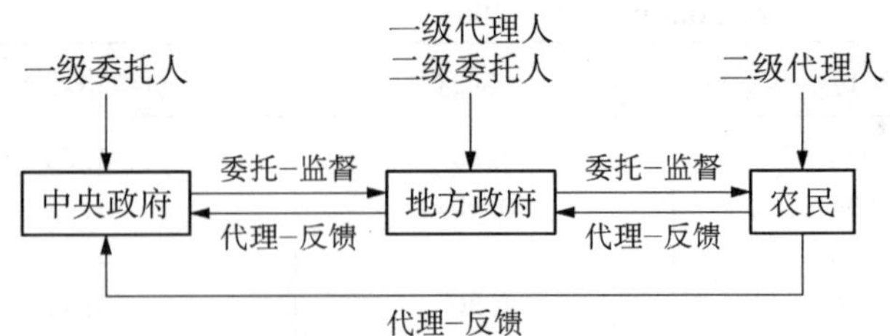

图 5-8 中国农地资源安全保障主体间关系图

Fig. 5-8 The introduction of support main relations of farmland resource security in China

中国农地资源安全保障采取的是二重委托代理关系,中央政府是中国农地资源安全利益的代表者,是初始委托人,通过合理的契约关系和利益分配机制,将农地资源安全保障任务委托给地方政府;由于地方政府不可能去进行具体的农地资源安全保护,地方政府在扣除应得利益情况下又按照一定的契约关系和利益分配机制,将具体农地资源安全保障任务委托给农民。不难发现,中央政府是最高委托人,是委托代理关系的开始;地方政府在委托代理关系中充当的是双重角色,一方面它是中央政府的代理人,另一方面它也是农民的委托人,因此地方政府在整个委托代理关系中起着至关重要的作用,是整个委托代理行为成功的关键所在;农民是整个委托代理关系的末端代理人,是农地资源安全保障的最终执行者。就目前的政策安排而言,更为强调宏观层面主体的地位和作用,而对微观主体的激励与约束相对较少,尤其是激励方面的政策设置。

在现行农地资源安全保障政策中,各保障主体间权责分配不合理,赋予宏观层面的保障主体过多的权利,却缺少相应的义务承担。作为政策制定者的中央政府拥有无限的权利,但并没有付出作为政策发起者应该承担的义务,没有对耕地资源安全保障行为进行"埋单";而作为政策执行中间委托人的地方政府所承担的责任远远要大于其权利,地方政府作为代理人履行着耕地资源安全保障责任,但却没有得到委托人足够明确的权利补偿,权责失衡是导致地方政府在保障政策执行过程中产生推诿和知法犯法行为的重要诱因;农民作为保障政策具体的实施者,应该享有农地资源安全保障政策所带来的大部分权利,实际情况却恰恰相反,农民承担着具体的保障责任,但却享受着微乎其微的权利,这也是农民空有保护意愿而无保障激情的原因。

调整保障主体间关系,确立微观保障主体在农地资源安全保障中的作用和地位,采用相应的激励和奖励政策,有助于提高微观主体的参与性和积极性,加强农地资源的保护力度,促进资源的优化配置。

第六章

中国农地非农化的外生性调控政策机理与缺陷分析

公共选择理论认为:市场经济条件下私人选择活动中适用的理性原则,也适用政治领域的公共选择活动。换言之,政府在社会活动和市场交易过程中同样也扮演着“经济人”的角色。政府也是具有复杂目标函数的利益集团,各级政府之间、平级政府之间作为不同的利益主体,在利益方面也存在不同的价值取向。同时,随着外部激励和约束条件的不断变化,政府间的目标函数也发生相应的调整。“在一个复杂的社会里,政治共同体的稳定依赖于社会政治制度化的程度,且政治制度化就是组织和程序获取价值观和稳定性的一种过程。”[①] 中国社会转型中的农地非农化配置,根植于中国政治和经济体制改革的背景,作为政治制度化的产物,必将受到新的治理规则、社会结构、社会组织和关系的影响。中国转轨时期的经济特性与分权制下的政府间利益冲突,共同作用着农地非农化配置的政府行为取向,决定了农地非农化配置中政府行为外部性问题的普遍存在,并成为困扰中国政府农地非农化政策执行效率的屏障。基于上述“中国国情”和“中国问题”的特定分析,中国农地非农化配置的政府规制政策,必须构建合理有效的政府治理结构,在可持续发展的框架下推进和实

① 塞缪尔·P. 亨廷顿. 变化社会中的政治秩序[M]. 北京:生活·读书·新知三联书店,1989.

施市场化的政府行为，既弘扬政府间的“制度生态”[①]竞争，以推动农地非农化配置的政府主导型改革[②]进程；又避免政府过度“经济人”化，导致市场垄断和政府间恶性竞争。

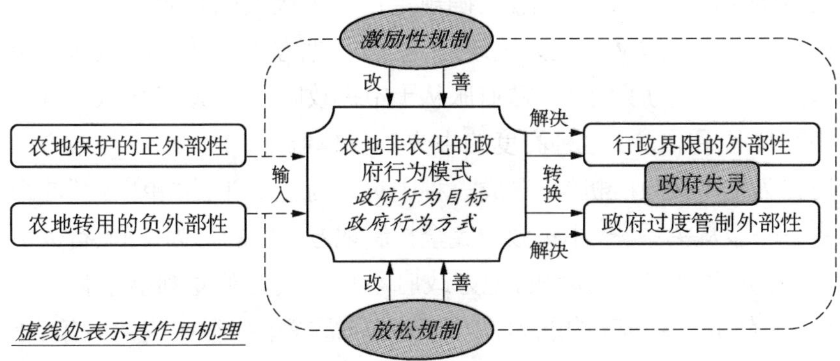

图 6－1　农地非农化外生性调控政策的作用机理图

Fig. 6－1　The mechanism of the exogenous regulation in farmland conversion

6.1　激励性规制政策

6.1.1　中国农地非农化的激励性规制政策分析

6.1.1.1　职能定位的激励性规制政策

(1) 中央政府的职能定位激励：垄断竞争→宏观调控

经济转轨，尤其是分权化改革以来，中国政府间竞争是中国转型期对经济社会发展有着重要影响的事实和现象。中央政府与地方政府之间的博弈状态(合作/竞争)，已成为主导农地非农化配置政府行为外部性问题的重要因素。[③] 中央政府与地方政府在农地非农化进

① 吴志攀. WTO 后时代我国产业发展的制度生态[M]. 载陈安主编. 国际经济法论丛(第6卷)，[M]. 北京：法律出版社，2002.

② 何晓星. 破解中国初期市场经济之谜[M]. 广州：广东人民出版社，2003.

③ 张飞. 地方政府竞争农地非农化与经济增长[J]. 资源产业. 2005(10)：pp. 88—91.

程中的博弈关系,始终保持着动态变化的趋势。

改革开放前,中国继承了传统的单一制国家结构形式,并进一步强化了中央政府的权力和权威,形成高度的中央集权体制。《中国人民政治协商会议共同纲领》明确规定:“各下级人民政府均由上级人民政府负责并服从上级人民政府,全国各地方人民政府均服从中央人民政府。”①为了使地方政府服从于中央政府,中央政府将权力都集中在自己手中。在这种高度的中央集权体制下,中央政府与地方政府作为上下级政府机构,形成一种中央政府主导下的“单向度”的命令——服从关系。② 中央政府完全控制地方政府的行为空间、行为能力、行为权利和行为动机,地方政府不具备成为独立利益主体的条件,没有和中央博弈的能力,地方政府只需简单执行中央的政策、指令。中央政府要求加强农地非农化规模控制,地方政府就严格土地管理,控制农地非农化规模;当中央政府鼓励农地非农化,地方政府就积极推动农地非农化。此时在农地非农化中,几乎不存在地方政府与中央政府的博弈,高度垄断的集权机制发挥着农地非农化的配置作用。

改革开放之后,随着放权让利和分灶吃饭的财政体制推行,地方政府有了自己的行为空间、行为能力、行为权利和行为动机,成为相对独立的行为主体和利益主体。它与中央政府之间的关系不再只是简单行政隶属关系,而成为具有不同权力和利益的对等的博弈主体。地方政府不再是简单地按照中央政府行事,认真执行中央政府的政策,而是从自己的角度理解和贯彻中央政府的政策,以实现自身利益最大化。随着地方政府具有自己独立的利益需求,其在农地非农化中的行为取向与中央政府发生偏离,这样,在农地非农化中就形成了

① 中共中央文献研究室编:建国以来重要文件选编[M]. 北京:中央文献出版社,1992.

② 金太军,汪波. 经济转型与我国中央——地方关系制度变迁[J],管理世界,2003(/6):pp. 43—51.

“地方政府违法违规行为增多——农地非农化失控——中央政府监督力度加大——地方政府或守规或创新——农地非农化有序——中央政府监督力度降低——地方政府违法违规行为增多”循环。几次循环之后,中央政府必然会对农地非农化政策进行修改。如:1986年3月,中共中央、国务院联合发出《关于加强土地管理、制止乱占耕地的通知》,《通知》要求加强对土地管理,组建国家土地管理局,明确规定其职能为贯彻执行国家关于土地管理的法律、法规和政策;对各地、各部门的土地利用情况进行检查、监督,并做好协调工作等。如:1998年新《土地管理法》的颁布,加大了对土地违法者的处罚力度。通过新《土地管理法》实施前后用地审批情况对照(表6-5),可以看出:中央与地方的用地审批权之争愈演愈烈,虽然中央的调控力度不

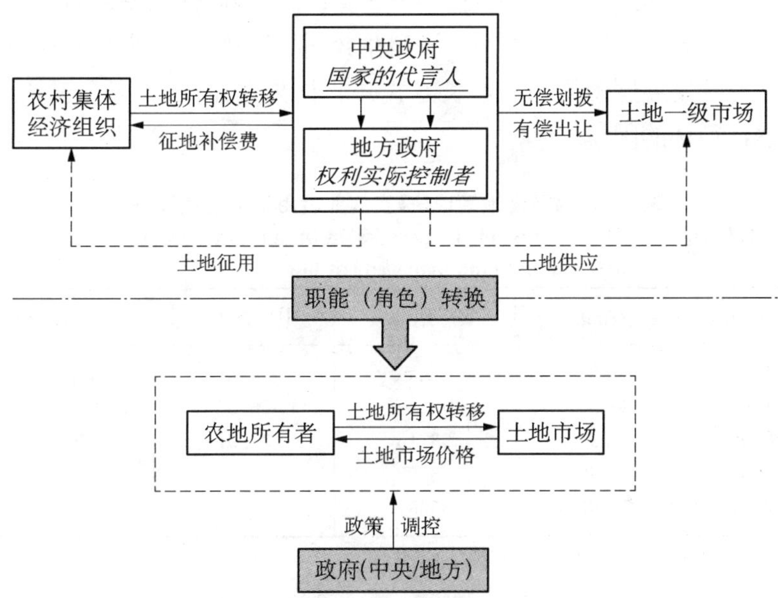

图6-2 “垄断竞争→宏观调控”的激励规制示意图
Fig. 6-2 The incentive mechanism of the transit from monopolistic competition to macro-control

断加强,但是问题也不断出现。新法实施后,合法批地率有所下降,在2000年达到最低,可见审批过程更为严格,核减额在增加;中央批地率迅速上升,中央的审批权得到保证,并有逐年增长的趋势;省级批地率也有所上升,省级政府的权利不但未减弱,反而有增长的态势;实际用地率由大于1演变为小于1,并且有减少的趋势,说明越权用地的现象有所控制,但土地批而不用的问题也初现端倪。

又如:2003年～2004年"全国土地市场秩序整顿"活动,中央政府组织一次规模浩大的"开发区"整顿热潮。1997年和2004年两次暂停审批农用地转非农建设用地,等等。这些措施对于缓解农地非农化的过度增长势头的确取得了一定的成绩,但是以中央政府和地方政府均耗费大量的人力、财力、物力为代价,而且并未完全实现政策的初衷。由此可见,这种"控制——反控制"局面并未使双方获益,尽管地方政府获取了相应的经济利益,但非经济价值的损失并存,违背可持续发展理念的经济增长方式并非长久之计,因而必须设法摆脱恶性循环的困境。

表6-1 新《土地管理法》实施前后用地审批统计表

Table 6-1 The contrast of the permission in land use between new and old land management law

年份	合法批地率	实际用地率	中央批地率	省级批地率
1998	90.31	139.50	9.32	45.49
1999	80.59	109.25	36.53	63.47
2000	51.22	93.16	38.07	61.93
2001	81.77	58.98	43.49	56.51
2002	75.93	85.51	24.18	75.82

资料来源:据相应年份《中国国土资源年鉴》整理。

2005年开始,中央政府以宏观调控的姿态高调进入农地非农化的管理,尝试以新的角色处理农地非农化问题,试图改变地方政府在农地非农化中的效用函数,并适度调试自身的行为目标,实现与地方政府在农地非农化事务中的“确权→协调→合作→共赢”。2006年9月5日国务院印发的《国务院关于加强土地调控有关问题的通知》，从八个方面采取更加严格的管理措施，以加强土地调控。在其后半年多的时间里，国务院及有关部委围绕土地问题连续发出9道“金牌”，一方面加强对地方政府农地非农化事务的确权和问责，另一方面也确立了中央政府在农地非农化事务中的“宏观调控”的角色，逐步实现着政府由市场参与者向社会管理层的蜕变。这些内容主要体现在对审批权限、监督权限的加强和非经济考核指标的纳入等方面。

① 审批权限的强化

2006年9月5日，国务院印发的《国务院关于加强土地调控有关问题的通知》，从八个方面采取更加严格的管理措施，切实加强对土地的调控。

2007年1月22日，国土资源部根据《国务院关于加强土地调控有关问题的通知》要求，对我国城市建设用地审批方式做出重大调整：此前由国务院分批次审批的城市农用地转用和土地征收，将从2007年起调整为每年由省级政府汇总后一次申报，待国务院批准后由省级政府负责组织实施、城市政府具体实施。

② 监督权限的强化

2006年5月17日，国务院常务会议提出“国六条”，要求科学确定土地供应规模，加强土地使用监管，制止土地囤积。

2006年7月24日，国务院办公厅发布《关于建立国家土地督察制度有关问题的通知》，设立国家土地总督察及其办公室，向地方派驻九大国家土地督察局，监管全国省(区、市)及计划单列市的土地审批利用。

2006年8月1日，施行《招标拍卖挂牌出让国有土地使用权规范》和《协议出让国有土地使用权规范》，细化招拍挂或协议出让的范围，建立土地出让协调决策机构和价格争议裁决机制。

2006年8月6日，国土资源部针对土地管理中的问题，要求提高征地成本;规范土地出让收支管理;提高新增建设用地土地有偿使用费缴纳标准;统一制定并公布各地工业用地出让最低价标准;加大建设用地取得和保有环节的税收调节力度。

③ 非经济考核指标的纳入

2005 年 1 月国土资源部将耕地保有量和基本农田保护面积纳入省长考核指标,实行“行政首长负责制”,将非经济指标——农地保护状况纳入政绩考核指标行列。

随着中国经济体制的逐步建立和完善,土地宏观调控在社会主义市场经济体系中发挥着越来越重要的作用,加强中央对土地开发利用的宏观调控是中央为实现土地资源合理配置、耕地资源保护、经济社会可持续发展目标的重要保证,有助于建立统一有序的市场体系,促进农地非农化配置的健康、规范运作。

(2) 地方政府职能定位的激励:“竞争性”损耗→“合作性”保护

中国农地非农化已成为地方政府追求其公共收益目标和私利目标的重要手段。而且农地非农化规模越大,其收益越大。因此,地方政府具有尽量扩大农地非农化规模的冲动,进而引发地区间失范的恶性竞争行为。在地区间博弈过程中,一个地区扩大了农地非农化规模而其他地区未能扩大时,前者就将在财政收入、经济增长速度、官员的个人利益等方面获得更大收益,并在下一步的“竞争”中占据优势。因此,参与“竞争”的地方政府都会有强烈的动因尽力扩大农地非农化规模,并且不断“改进”违规政策,竞相效仿,以免在“竞争”中处于下风。即使地方政府意识到盲目扩大农地非农化规模,会威胁到国家的粮食安全、生态安全、社会安全,但在区域间“竞争”压力的作用下,欲罢不能。谁能获得农地非农化规模上的优势谁就有可能争得了先机。由此形成典型的“囚徒困境”博弈均衡。这种困境的实质是对农地非农化过程负外部性的“竞争性损耗”,即:当地方政府都想从农地非农化流转中获利,而农地非农化收益一定时,地方政府就会不断增加农地非农化的面积,以获取更多的利益。最终所有的地方政府都致力于扩大农地非农化规模，形成共同逐利的状况，从而造成农地过度非农化，导致整个社会福利下降。同时伴随着“竞争性损耗”程度的加剧，地方政府逐利的成本也将越来越高，资源损耗将越来越严重，出现一种恶性循环的态势。

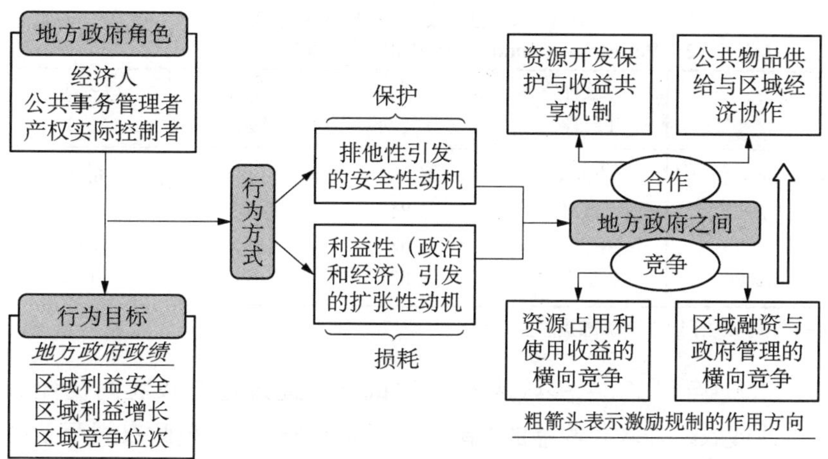

图 6－3　地方政府的“竞争性损耗→合作性保护”的规制示意图

Fig. 6－3　The introduction of the transit from competitive loss to cooperation protection in local governments

据国土资源部执法监察部门的调查，目前中国 80％的违法用地是地方政府行为，随意突破土地利用总体规划和土地年度计划指标违法批地的现象相当普遍。据对十个省（市）的统计调查，在 30.54 万公顷园区实际用地中，违法用地面积就达到 20.97 万公顷，占到 68.7％。[①]。同时，中央政府对地方政府土地违法的处分概率极低（如表 6－2 示），2002 年的处罚比例仅为 3.72‰，在中央政府加大查处力度的 2004 年也只达到 11.4‰。违法违规者被追究的概率极低，意

① 戴卫平，顾海英．试述我国的土地批租制度及其改革[J]，新疆大学学报（社会科学版），2004(4)：pp. 23—26.

味着违法违规成本几乎为零，这必然导致违法违规行为更加猖獗、普遍。当违法违规成为一种普遍现象时，也意味着原有的政策失效。在这种情况下，中央政府不得不对原有的农地非农化政策进行变革，以期规范农地非农化秩序。

表 6-2 土地违法案件查处情况
Tab 6-2 Punishment conditions of illegal land cases

年份	案件 (万件)	违法用地 (万公顷)	处分 (人)	比例 (‰)
1999—2001	43.8	9.36	3020	6.8
2002	11.1	2.84	413	3.72
2003	17.83	5.59	925	5.12
2004	8.5	3.65	977	11.4

注：数据来源于国土资源部执法监察局。

2004 年开始，中央政府开始尝试通过促进地方政府间良性竞争，改变农地非农化收益的"诸侯竞争"局面；通过规范政府间互动关系，发挥"榜样示范作用"，引导地方政府重视农地非经济价值，加强区域间农地资源保护的合作与交流，实现区域经济协调发展与耕地保护的共赢。从 2005 年开始，中央政府连续出台一系列新政，从诸条新政的主旨来看，集中体现在对地方政府的确权和问责上，进一步明确了地方政府在土地管理和耕地保护方面的责任。政策实施前后(以 2004 年为时间期)的比较分析如表 6-3 示。

表 6-3 新政实施前后政府行为目标的变化
Table 6-3 The contrast of the government objective between new and old policy

2004 年前相关政策解读		2004 年～2006 年土地调控新政解读	
分权	1998 年《土地管理法》对征地过程有明确的规定，涉及农用地转为建设用地的，应当办理农用地转用审批手续。集体所有的土地进入市	确权	① 进一步明确土地管理和耕地保护的责任。地方各级人民政府主要负责人应对本行政区域内耕地保有量和基本农田保护面积、土地

续　表

	2004年前相关政策解读		2004年～2006年土地调控新政解读
	场，必须将集体土地征用为国有土地，此后其使用权才可以有偿出让。且必须在土地利用总体规划确定的城市和村庄、集镇建设用地规模范围内，按土地利用年度计划分批次由原批准土地利用总体规划的机关批准。 在已批准的农用地转用范围内，具体建设项目用地可以由市、县人民政府批准。大型基础设施建设项目、国务院批准的建设项目占用土地，涉及农用地转为建设用地的，由国务院批准。以上两者规定以外的建设项目占用土地，涉及农用地转为建设用地的，由省、自治区、直辖市人民政府批准；征用基本农田需要国务院批准；即使是普通农田，只要征用面积超过35公顷，同样需要国务院审批。		利用总体规划和年度计划执行情况负总责。国土资源部要加强对各地实际建设用地和土地征收情况的核查。按照权责一致的原则，调整建设用地审批方式。 ② 切实保障被征地农民的长远生计。征地补偿安置必须以确保被征地农民原有生活水平不降低、长远生计有保障为原则。做好被征地农民就业培训和社会保障工作。
履责	1997年，八届人大五次会议通过新《刑法》，其中增设了“破坏耕地罪”、“非法批地罪”和“非法转让土地罪”三个条款，将某些浪费耕地行为提高到刑事犯罪的高度。 1999年1月1日开始实施的《土地管理法》修订案，以建立土地用途管制制度为核心，突出了切实保护耕地的立法思想，将土地管理方式由以往的分级限额审批改为土地用途管制制度，深化土地利用总体规划和土地利用年度计划的效力，上收了包括土地利用总体规划审批权、占用农地特别是耕地的审批权和征地审批权在内的审批权限，强化了执法监督措施和对土地违法行为的处罚力度。	问责	① 禁止擅自将农用地转为建设用地。农用地转为建设用地，必须符合土地利用总体规划、城市总体规划，纳入年度土地利用计划，并依法办理农用地转用审批手续。禁止通过“以租代征”等方式使用农民集体所有农用地进行非农业建设，擅自扩大建设用地规模。农民集体所有建设用地使用权流转，必须符合规划并严格限定在依法取得的建设用地范围内。未依法办理农用地转用审批，一律不得使用。 ② 强化对土地管理行为的监督检查。国家土地督察机构要加强对地方人民政府土地管理行为的监督检查。 ③ 严肃惩处土地违法违规行为。国家

续　表

2004年前相关政策解读	2004年～2006年土地调控新政解读
	机关工作人员非法批准征收、占用土地,或者非法低价出让国有土地使用权,触犯刑律的,依法追究刑事责任。对不执行国家土地调控政策、超计划批地用地,以及通过调整土地利用总体规划擅自改变基本农田位置,以规避建设占用基本农田应依法上报国务院审批的,要追究有关人员的行政责任。

这一系列的土地调控政策,对于抑制地方政府滥占土地之风,落实最严格的土地保护制度,实现的宏观调控目标,促进经济社会持续快速协调发展具有重大意义。根据公共物品的受益原则,赋予地方政府更多的公共物品供给权力,能有效的解决公共产品的成本和收益在辖区间的外溢问题,在一定程度上克服公共物品消费上的"搭便车"行为。适度分权还有助于分散中央政府的财政负担和决策风险,增强地方政府治理公共事务的积极性、主动性和责任心。各国实践均表明,适当分权的政府,可以使地方政府更贴近公民的需要,使政府具有比较准确的成本和收益观念,切实履行为民服务的责任,将政府有限的资源用于解决最为迫切需要解决的问题。通过新政的调控措施,地方政府角色类型的选择及确定、职权的配置以及机构设置也在改革过程中得以从混沌走向明朗,对实现适度非农化,促进中国社会和经济的稳定发展做出了难以估量的贡献。

6.1.1.2　农地非农化收益分配的激励性规制政策

农地非农化过程会产生巨额的增值收益,现行土地收益分配机制使政府获取其中绝大部分。但政府从农地非农化中获得的收益还需要在中央政府、地方政府之间进行分配,双方都希望获取最大数量的收益,这就不可避免地产生博弈。虽然中央政府拥有土地收益分配政策的制定权,但由于政策还需地方政府来执行,收益还需要地方政府来征收，因此中央政府也不可能随心所欲地将土地收益分配政策偏向自己。地方政府虽然没有土地收益分配政策制定权，但它是具体征收土地收益者，因此它可以在具体的征收工作中谋求自己利益最大化。

现实中，中央政府与地方政府在农地非农化收益分配上的博弈，历经了多次的反复与波折。自从我国实行土地有偿使用制度以来，我国的土地收益分配制度发生了几次重大变化。从实行土地有偿使用以后到 1988 年这段时期，全国大部分城市都收取土地使用费，并全部归地方政府支配使用。这对地方政府形成强烈的激励，很多城市收取的土地使用费由开始只能“补充城市建设资金的不足”，过渡到逐渐能够“以地养地，实现城市建设资金的良性循环”，最后发展到“以地聚财，以地生财”，收益数量急剧扩大。土地成为城市政府的“聚宝盆”，土地部门成为“第二财政”。1988 年 9 月，国务院发布《中华人民共和国城镇土地使用税暂行条例》，规定停“费”征“税”，且征收额由中央财政与地方财政五五分成。但地方政府为了“藏富于民”，采取了诸如税率“就低不就高”、扩大免税范围、强化实物地租等措施以减少中央政府实际所得。之后，为鼓励地方的积极性，协调中央与地方的关系，中央政府在土地出让收益的分成上作出重大让步，1989 年的“四六分成”，直至 1992 年调整为中央收取 5%，但地方政府并不满足，仍采取各种对策以减少中央财政的分成：继续强化实物地租形式；将土地出让收入进行“名词分解”，细化为出让金、开发费、配套费等，只将出让金纳入与中央分成范围；大幅度优惠地价，以牺牲土地收益换政绩等。1994 年税制改革，中央决定土地收益，包括农地非农化的收益，全部留给了地方。但这导致过分征地、过量开发的局面，引起耕地过速减少，甚至引起粮食安全问题。[①] 因此，为了保

① 李元. 生存与发展——中国保护耕地问题的研究与思考[M]. 北京：中国大地出版社. 1997.

护耕地,充分利用经济机制引导土地合理利用,中央再次调整土地收益办法,改为农地转为城镇用地的土地收益全部上缴中央,城市存量土地进入市场产生的土地收益全部留归地方。1998 年修订《土地管理法》时,又调整为“新增建设用地的土地有偿使用费,百分之三十上缴中央财政,百分之七十留给有关地方政府,都专项用于耕地开发”①。尽管如此,为了将土地收益尽量留在本地,地方政府还利用土地产权的实际控制权来隐秘土地收益,如获取实物地租,要求出让方负责出让范围内的道路、桥梁、通讯设施,甚至提供一定数量的商品房,以降低与中央分享的土地收益总额。由此可见,从地方政府行为而演化出中央政府与地方政府对土地收益的权利之争,人为地加大了交易成本,也使得城市土地配置的运行秩序扭曲,本应是竞争性的市场化秩序,被一种隐性的、透明度低的灰色交易形式替代。由于灰色市场交易缺乏价格评估和价值表现形式,而且地方政府出于自身立场和利害考虑,也不愿意把灰色市场的地租界定清晰。②

2006 年 7 月 25 日,国务院常务会议提出将国有土地使用权出让总价款全额纳入地方预算;调整新增建设用地土地有偿使用费缴纳标准、城镇土地使用税征收标准和耕地占用税征收标准;建立工业用地出让最低价标准统一公布制度。2006 年 11 月财政部、国土资源部、中国人民银行联合发布《关于调整新增建设用地土地有偿使用费政策等问题的通知》,决定从 2007 年 1 月 1 日起,新批准新增建设用地土地有偿使用费标准将在原基础上提高一倍。这些措施的实施均有利于明确界定中央政府与地方政府在农地非农化收益分配中的关系,并适当提高地方政府的收益空间,以遏制地方政府盲目扩大征地规模的冲动。政策实施前后的收益分配变化如下表所示。

---

① 朱道林. 土地管理学[M]. 北京:中国农业科技出版社. 2000.

② 赵贺. 中国城市土地利用机制研究. 北京:经济管理出版社[M]. 2004.

表 6－4　新政实施前后政府收益分配的变化
Table 6－4　The contrast of the government income distribution between new and old policy

新政实施前	财事共享	财政部、中国人民银行关于新增建设用地土地有偿使用费有关预算管理的通知(1999 年 12 月 2 日财预字(1999)584 号)规定： 自 1999 年 1 月 1 日起，征地过程中发生的新增建设用地缴纳的土地有偿使用费，30%作为中央基金预算收入，就地缴入中央国库，逐级上划至总库；70%留给省级(不含计划单列市)人民政府，作为地方预算基金收入，就地缴入地方国库，逐级上划至省库。新增建设用地土地有偿使用费，专项用于耕地开发，不得挪作他用。土地有偿使用费收缴工作所需的业务费用，分别由中央和地方财政部门在本级基金预算中按缴入本级金库土地有偿使用费金额 2%的比例安排。 土地有偿使用费收缴工作所需的业务费用，分别由中央和地方财政部门在本级基金预算中按缴入本级金库土地有偿使用费金额 2%的比例安排。
新政实施后	财事下放	2006 年 11 月财政部、国土资源部、中国人民银行联合发布《关于调整新增建设用地土地有偿使用费政策等问题的通知》，规定： 规范土地出让收支管理。国有土地使用权出让总价款全额纳入地方预算，缴入地方国库，实行“收支两条线”管理。 调整建设用地有关税费政策。提高新增建设用地土地有偿使用费缴纳标准。新增建设用地土地有偿使用费缴纳范围，以当地实际新增建设用地面积为准。 建立工业用地出让最低价标准统一公布制度。国家根据土地等级、区域土地利用政策等，统一制订并公布各地工业用地出让最低价标准。

6.1.2　中国农地非农化的激励性规制政策述评

6.1.2.1　行政委托——代理的激励扭曲

中国是世界上政府层级最多的国家之一，在五级架构政府体系中，地方政府层级为四级，分别为省级政府或直辖市政府、市级政府、县级政府、乡镇政府。按照传统的委托代理理论，多个个体构成的组织通常有着多重委托代理关系，进行恰当的授权是维持组织有效运作的前提和基础。委托—代理模型一般以委托人期望效用最大化为目标函数，考虑了代理人的参与约束和激励相容约束，以保证签约的可能性和激励代理人能够遏制自己的机会主义行为。

但是,传统的简单的委托代理模型假定代理人只从事单一的工作,而在中国农地非农化配置中的上下级政府间委托—代理关系中,下级政府实际上面对的是一个多任务委托合同,例如经济增长、环境保护、社会稳定、失地农民就业、税收增加等等。霍姆斯特姆和米尔格罗姆(1991)证明,当代理人从事多项工作时,从简单的委托代理模型中得出的结论可能是不合适的。他们证明,当代理人从事两项工作时,如果其中一项易于监督而另一项不易监督,采用简单模型中指出的显性激励方式,就会导致对其中易于监督的工作的过度激励,而对另一方面缺乏激励,从而使得代理人只注重被过度激励的工作内容。作为理性的经济人,委托人(中央政府)经常会把 GDP、税收增长率、就业率等作为评价和奖惩地方官员的主要依据,而忽视非经济指标的考核。同时,政府层级过多,分散了委托人的监督力量;而且,上下级政府间信息传递链条过长,并缺乏通畅的财政信息披露制度以及同级人大监督的"缺位",委托人只能应用显性激励和约束代理人,而代理人(地方政府)却有足够的能力控制"私人信息"和辖区"自然状态"信息。在上下级政府间直接进行委托——代理的行政体制下,辖区内的纳税人和公共产品的受益人往往不能对地方政府进行有效地监督和约束。

在农地非农化配置的政府规制政策中,中央政府试图利用地方政府的管理机制、资金、信用等方面优势来实现公共政策目标,而地方政府则试图利用中央政府所提供的市场、政策优惠、资金等方面优势来追求营利目标。1990 年以来,中央对地方确立了 GDP 增速、招商引资、上缴税收等政绩考核指标,这对地方政府行为产生了重要影响。为吸引外资,地方政府不惜低价出让土地,导致大面积重复建设;为规避土地管理,各地普遍实行"先上车、后补票"和"边报边用"的农地转用策略策略,造成大量违法用地。许多存在严重的"信息失真"的政绩显示,和部分地方政府 GDP 至上而采取的非可持续发展的短期行为正成为中央和地方委托代理关系链中的硬伤。这种严重的信息不对称造成了代理人行为的机会主义扭曲。因而必须尽快建立激励相容的绩效考核制度,改善现行行政委托代理中过长信息链导致的资源配置效率的损失。

6.1.2.2 分税制的财富聚集效应

从整个农地非农化市场的结构中看,权利主体可分为四类:中央政府与农村集体经济组织分别为国有和集体土地的所有者,各自获得土地所有权收益;地方政府在很大程度上代行了中央政府的土地所有权,直接参与甚至控制土地收益分配;各类城市用地者为国有土地的使用者,通过不同方式获得使用土地所产生的收益。从各个权利主体获得的收益情况来看,在现行的分税体制下出现了明显的财富聚集效应,具体表现为:中央政府与代行权利的地方政府间分配比例难以确定,中央政府的土地所有权收益并未得到保证;地方政府直接或间接地参与土地使用者的收益分配,获取较大的收益空间,寻租事件频有发生。

农地非农化过程会产生巨额的增值收益,现行土地收益分配机制使政府获取其中绝大部分。但政府从农地非农化中获得的收益还需要在中央政府、地方政府之间进行分配,双方都希望获取最大数量的收益,这就不可避免地产生博弈。虽然中央政府拥有土地收益分配政策的制定权,但是由于政策还需要地方政府来执行,收益还需要地方政府来征收,因此中央政府也不可能随心所欲地将土地收益分配政策偏向自己。地方政府虽然没有土地收益分配政策制定权,但它是具体征收土地收益者,因此它可以在具体的征收工作中谋求自己利益最大化。据不完全统计,从 1987 年—1993 年,全国共出让国有土地使用权 4.4 万宗,总面积达 7.9 万公顷,共收取土地出让金 1231 亿元。1994 年实行分税制后,土地出让金作为地方财政的固定收入全部划归地方所有,并在此后逐渐成为地方政府的“第二财政”,表 6-5 反映的是 2001 年～2005 年全国土地出让情况。而“获益于土地”的地方政府,也因此有了足够的“土地冲动”,这期间建设用地总量增长太快、工业用地过度扩张,违法违规用地、滥占耕地等现象相当突出。

表 6-5 2001 年—2005 年全国土地出让及土地出让收入统计

Table 6-5 The amount and benefit of land transfer in china between 2001 and 2005

年度	出让面积(公顷)			出让收入(亿元)		
	总面积	协议	招拍挂	总收入	协议	招拍挂
2001	132180	125571	6609	1319	827	492
2002	120284	102241.4	18042.6	2420.5	1451.3	969.2
2003	186800	134800	51900	5595.73	2657.97	2937.76
2004	178700	126600	52100	5894.14	2640.46	3253.68
2005	163200	106000	57200	5505.15	1585.06	3920.09
合计	781164	595212.4	185851.6	20734.52	9161.79	11572.73

资料来源:根据国土资源部《中国国土资源年报》(2001 年—2005 年)整理。

为了保护耕地,充分利用经济机制引导土地合理利用,中央再次调整土地收益办法,改为农地转为城镇用地的土地收益全部上缴中央,城市存量土地进入市场产生的土地收益全部留归地方。1998 年修订《土地管理法》时,又调整为“新增建设用地的土地有偿使用费,百分只之三十上缴中央财政,百分之七十留给有关地方政府,都专项用于耕地开发”①。尽管如此,为了将土地收益尽量留在本地,地方政府还利用土地产权的实际控制权来隐秘土地收益,如获取实物地租,要求出让方负责出让范围内的道路、桥梁、通讯设施,甚至提供一定数量的商品房,以降低与中央分享的土地收益总额。行政收益与实际市场收益的巨额差价,既是驱动不少地方政府大量批地卖地的动力,也是当地“寻租”行为产生的温床。由于权力的监督机制缺失,势必导致权力和利益在幅度上、范围上的随意性和滥用,导致腐败的产生。由此可见,从地方政府行为而演化出中央政府与地方政府对土地收益的权利之争,人为地加大了交易成本,也使得土地资源配置的运行秩序扭曲,本应是竞争性的市场化秩序,被一种隐性的、透明度

① 朱道林,土地管理学[M].北京:中国农业科技出版社.2000.

低的灰色交易形式替代。由于灰色市场交易缺乏价格评估和价值表现形式,而且地方政府出于自身立场和利害考虑,也不愿意把灰色市场的地租界定清晰①,农地非农化配置的效率损失不断扩大。

从中国财税体制改革的脉络和土地所有制基础来看,中央政府与地方政府在农地非农化收益分配上的博弈,历经了多次的反复与波折,但地方政府似乎总是处于相对优势,有相当的主动权,财税体制分配的漏洞使得地方政府的资金运作空间不断扩张,农地非农化收益单方面聚集。同时,我们也应该看到,中央政府在土地收益问题上,以加强对其他收益来源的控制为谈判条件的退让,并没有改变收益分配不公的现状,税制未来改革取向使得深思。其实土地是一种位置固定的不动产,地方管理本应较中央管理更加切合实际。②

6.2 放松规制政策

放松规制是指市场变化发展可能使规制的成本提高并且收效降低,在这种情况下可以适当的放松规制,由市场机制自发的调控资源配置,以实现促进资源优化配置的目标。现阶段积极倡导的方式主要有两种:放松权限和公众参与。

6.2.1 中国农地非农化的放松规制政策尝试

6.2.1.1 集体建设用地流转——进入规制的改良

(1) 集体建设用地流转的“广东办法”

经过两年多的试点,中国广东省政府 2005 年 10 月以政府令形式颁发了《广东省集体建设用地使用权流转管理办法》,作为“农民的

① 赵贺. 中国城市土地利用机制研究[M]. 北京:经济管理出版社. 2004.

② 刘江涛,杨开忠,冯长春. 城市边缘区土地利用规制缘起 · 失灵 · 改进[M]. 北京:新华出版社. 2005.

资产"的农村集体土地将与国有土地一样,按"同地、同价、同权"的原则,纳入统一的土地市场。这项涉及农村经济体制和农民切身利益的改革,将允许在土地利用总体规划中确定并经批准为建设用地用途的集体土地进入市场,其方式可以是出让、出租、转让(含土地使用权作价出资、入股、联营、兼并和置换等)、转租和抵押。

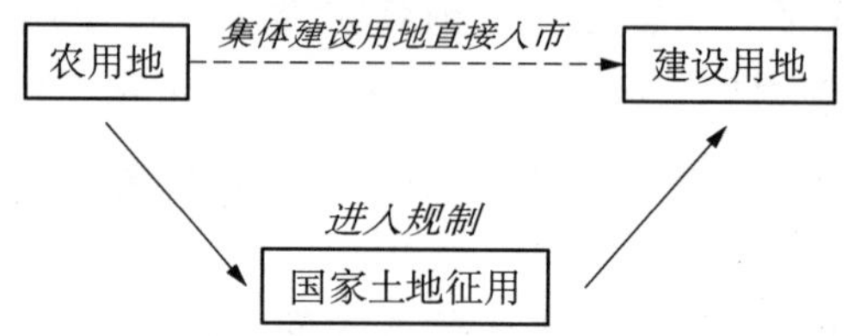

图 6-4 集体建设用地直接入市示意图

Fig. 6-4 The introduction of the collective construction land freely bought and sold

广东省在土地制度上的探索,无疑在以下几个方面为解决现行进入规制政策(征用制+批租制)的表面冲突和消除内在动力提供了参考。

(2) "广东办法"与进入规制政策的比较分析

无论是广东办法还是进入规制政策,土地征用的有关利益主体均包括:中央政府、地方政府、土地开发企业、村镇集体组织和村民。其中,乡镇政府在此被假定与村级集体组织作为同一利益主体,是因为乡镇政府一方面作为村级集体组织的直接管理者,村级组织的选举和日常工作都受到乡镇政府的直接领导,村级集体组织的行为更多的趋同于乡镇政府的意愿而非集体组织内部成员的意愿;另一方面,乡镇一级政府相对于县市级地方政府具有一定的独立性,且土地征用出让行为的决定权在县市级地方政府,乡镇政府与集体组织均是土地征用过程的参与者和执行方。

表 6-6 给出了广东办法与进入规制政策中各利益相关主体的基本角色和利益获取来源。从表中可以得出结论包括:

① 对土地开发企业来说,无论是在现行进入规制政策中还是在集体土地直接入市制度下,其角色和利益基本没有变化,不同之处在于是向谁购买土地和土地成本投入的不确定。

② 对集体组织来说,从过去的接受行政命令变更土地所有权、被动接受土地征用,变化为集体土地交易的直接出售方和谈判方;土地转让收益也从按"国家规定"分得的土地征用补偿款,变为按照市场交易"自愿"原则出售集体土地的成交价款。尽管对集体土地买卖成交价款的分配管理尚无具体办法,但集体组织成为土地交易的主体已经勿庸置疑。

表 6-6 广东办法与进入规制政策中各利益相关主体角色及利益对比

Table 6-6 The Guangdong model and the stakeholder analysis in regulation policy

		中央政府	地方政府	土地开发企业	集体组织	村民
进入规制	角色	控制、监督、审批	土地征用审批、土地征用实施、土地出售	土地购买、土地开发/使用	协助征地、补偿款发放	被动失地、接受补偿
	利益	土地出让金	土地出让金	土地开发利润/企业产业利润	部分土地征用补偿款	部分土地征用补偿款
广东办法	角色	控制、监督、审批	?	土地购买、土地开发/使用	土地出售	?
	利益	?	?	土地开发利润/企业产业利润	土地出售价款	土地出售价款

③ 对村民来说,由于宪法规定了集体土地所有权为"集体所有"而非私有,决定了具体的村民不会成为集体土地直接交易的谈判主体和交易主体。但是村民与其所在集体组织的直接关联特点,决定了村民对集体组织的出售集体土地行为监督可行性与效果,都将远强于村民和集体组织对地方政府征地行为的监督,尽管从制度上如何确立这种监督机制尚需进一步研究。

④ 对中央政府来说，作为国有资产和资源的总代表和公共利益的总代理，在放松规制后的角色应当没什么大的变动，都将履行土地征用的监督、控制和审批职能，确保粮食耕地底线、确保产业健康发展和协调各方共享发展成果等宏观目标。但是在集体建设用地直接入市的制度安排下，这些职能和目标的实现将更少的借助行政手段（如国土资源垂直管理、土地出让金收支办法等），而需要更多的借助法律手段（如规划控制、国土执法等）和经济手段（如土地交易税费和增值税费等）进行调控管理。

⑤ 在现行进入规制政策向集体建设用地直接入市制度改革的过程中，角色变化最大的是地方政府，受损最大的也是地方政府。由于地方政府在国家运行体系中担负着推动经济发展重要职能，在财政收入不足的前提下，土地出让金及其相关税费收入占据了地方政府财政支出绝对比例，这也造成了地方政府“积极卖地”、“寅吃卯粮”的短期行为。集体建设用地直接入市以后，地方政府的短期行为可以受到遏制，可以较好的扭转地方政府以行政手段干预土地市场的“越位”行为、过度索取土地增值利益的“错位”行为以及失地农民社会保障缺失的“缺位”行为。但如何重新建立新的土地增值利益分配机制，以弥补地方政府的土地出让金损失，建立长期稳定的财政收入来源？如何设计地方政府对集体土地交易的间接管理制度，预防集体建设用地直接入市引发的操作层面风险？这些政府职能和管理方式的变革，是放松规制改革的先行条件和成功基础。

(3)“广东办法”的基本判断

基于上述分析，可以做出如下判断：

① 无论从理论上和实践中，集体建设用地直接入市是符合“多予、少取、放活”的新农村建设基本政策，符合中央政府“以城促乡、以工补农”的城乡协调统筹发展原则，符合中国和谐社会建设的基本方向，应当成为中国未来进入规制政策改革的途径选择。

② 集体建设用地直接入市制度的实施，需要中央政府和地方政

府对自身角色与职能的重新定位，需要集体组织的民主监督制度、土地规划和监督执法制度等的相关配套制度的完善，需要重新建立集体建设用地交易带来的增值利益分配制度，需要政府部门从行政手段到法律手段、经济手段等管理方式的更新。这些制度建设、政府职能以及管理方式的变革，是中国未来放松规制政策改革的先行条件和成功基础。

6.2.1.2　土地利用规划之公众参与——非政府干预的尝试

土地利用规划的目标是为了促进土地资源的优化配置，保障社会经济的可持续发展。《中国21世纪议程》中指出：实现可持续发展目标，必须依靠公众及社会团体的支持和参与，公众、团体和组织的参与方式、程度、机制将决定着可持续发展目标实现的进程。①

公众参与的重要性和必要性无不与土地利用规划的本质及特点密切相关。公众参与是通过规划切实保护耕地的重要保障。只有当公众充分理解规划保护耕地的意图时，政府保护耕地的意图才能转化为公众保护耕地的自觉行动，赢得公众的广泛参与。缺乏公众参与的土地利用规划，公众遵照实施的意愿下降，公众对维护土地利用规划权威性的责任感和自觉性就会减弱，土地利用规划就不可能真正得到贯彻落实，人们按照土地利用规划保护耕地的意愿也就会大打折扣，对滥占耕地的行为也会缺乏监督的意愿。

中国现阶段土地利用总体规划编制中，明确要求县、乡级规划应遵循“政府决策和公众参与相结合”的编制原则，新《土地管理法》第10条还规定：“乡(镇)土地利用总体规划在批准后应实行公告。”本节将结合浙江省湖州市织里镇曹家簖村规划编制实践，介绍经济快速发展地区乡(镇)土地利用总体规划中如何“公众参与”的一些做法，并对案例进行分析。

(1) 公众参与对土地利用规划的改良：浙江省湖州市织里镇曹

① 《中国21世纪议程》[M]. 北京：中国环境科学出版社. 1994.

家龢村试点曹家龢村村镇土地利用规划公众参与的实践是乡(镇)规划编制过程中众多案例的缩影。案例村庄处于经济快速发展的南方平原水网区,交通发达,信息畅通,商品贸易活跃,农民生活水平普遍较高,乡(镇)集体经济组织有一定经济实力。因此,广大群众有着改善居住环境的强烈愿望,这一切是"加快农村现代化建设,改善村民生产居住条件"规划目标的重要基础。同时,在较长规划期内,合理确定村庄规划用地规模和布局也有很大难度,不仅受当地经济技术水平的限制,而且涉及村民组织、相关规划协调、土地整理复垦资金投入、宅基地重划、村庄邻里关系重建、风俗习惯、宗教信仰、村庄建筑与环境协调等诸多因素。

① 公众参与对象具有广泛性和代表性。案例村庄的公众参与范围包括了乡镇政府(乡镇土地规划领导小组)、相关部门(乡镇土管所、城建办等)、村民委员会、村民、专业技术人员(规划编制承担单位)。在乡镇这个行政辖区内,最大程度体现了参与人群的广泛性,使规划在得到农村各阶层民众的认知方面已取得了很大成功。同时,以行政村或自然村为单位的村民委员会是中国农村中基层群众的自治组织,也是土地利用的具体组织者,特别是许多村委会有权对社区范围内的集体土地进行发包,其具有行政管理、资源和收益的分配等职能,作为村民利益的代表参与规划编制比较符合农村实际。

② 体现了互动过程和参与决策的有效性。公众参与最大的特性在于互动性,在规划方案的决策中,有上下对话协商的过程。从案例村庄看,有"自上而下,自下而上"两次反馈过程,进行了初步方案的公示,并落实到文字和图件,既体现出参与的互动,又反映程序的规范。村委会在对话中,坚持从村民的经济利益和生活需求出发,使一部分合理建议在最后协商中被采纳,老百姓的要求在决策方案中得以体现,解决了村民不愿在规划范围内建房、违法建房屡禁不止的问题,体现了公众参与的有效性。

③ 包含了相关规划衔接和部门用地协调。案例的反馈步骤实

际上也是村镇土地规划编制中相关部门协调、相关规划衔接的过程。如土地、村镇建设等部门从整个地区土地资源优化配置、提高土地利用效率的角度，制定规划原则、用地标准和初步方案；深入了解土地使用个体的用地要求，在多次反馈互动、各类规划衔接协调的基础上，对原有方案不断完善，体现了集体和个人、长远与当前利益的结合。

④ 突出了对土地资源的保护和集约利用。案例村庄位于经济发达地区，规划期间人口增长、各类建设、环境改善等用地需求与土地供给的矛盾十分突出。公众参与的原则强调了人口规模自上而下逐级控制，提出了村镇建设集中、集约、有序发展的布局要求，特别是突出了对平原河网区优质耕地的保护，这些都体现了"实现土地资源可持续利用"的规划内涵。

(2) 启示与几点建议

实践证明，中国的土地利用规划正处在不断发展完善的时期，公众参与规划虽有了一个良好的开端，但仍停留在初级阶段。规划的社会参与度和公开性不够；大部分规划的公众参与属于事后或被动的参与；一些重要的规划决策由政府领导定案，群众不知情；规划参与多限于编制过程中。为了改变这种局面，就应从规划的本质和目的认识公众参与的作用，总结推广成功经验，在新一轮规划修编中探索可行的方法与途径。基于目前状况，对公共参与土地利用规划提出几点建议：

首先，公众参与应符合国情。公众参与是社会经济发展的产物，脱离政治社会制度、民主化进程、区域差异、价值观念与文化素质进行规划的公众参与是不切实际的。同时，公众参与规划也需长期的宣传教育，资金投入和长时间的利益平衡，全面的、公正的规则也会带来低效率。因此，公众参与的工作方法、途径和制度建设首先应符合国情，并与规划目标、内容协调一致。

其次是合理分工，明确参与活动中的各方职责与权益。实质就是合理的赋权。一种流行的观点用“拾遗补缺”来概括公众参与的作用,并由此确定可能的分工思路:在政府不能或不愿做的事情上发挥公众参与的作用,政府予以充分的赋权和支持;在政府行政手段和社会自治方式都可以完成的事情上,尽量发挥公众参与的作用,而政府只去履行市场和公众参与都无法完成的职能。大体上,政府在宏观或全局上的关键事件中承担更多的责任,微观的管理更多地交给社会其他组织完成,愈是接近基层方面的公共事务,愈有可能让公众参与发挥功效。

最后是合作与制约,互相监督、互相促进,共同增进社会公共利益。具体而言,公众参与规划,意味着公众开始承担一部分原来政府的职能,同时需要从政府获得相应的资源;政府则有责任为公众参与的发展和规范创造良好的法律政策环境,并在宏观上对经济发展和公共物品的提供进行调控;公众参与通过增加公开性、透明性、竞争性等,实现对政府的社会监督;公众参与过程中也要完善自律和互律机制,并接受社会的评估和监督。

第七章

研究结论与政策建议

7.1 主要研究结论

发展与保护始终是资源优化配置必然面对的难题，这也就为农地非农化的政策调控问题研究提出了挑战，即应当建立怎样一种政策调控的框架，才能在不影响社会经济发展的前提下，合理有效地实现对农地非农化的优化调控。农地非农化过程是在一系列社会、经济、政策因素综合作用下的结果，也是一系列相关政策碰撞、磨合的产物。本书通过剖析中国农地非农化过程的特点和问题，构建中国农地非农化政策调控的研究框架；以此框架为基点，探求不同政策发展阶段，政策变量演化沿革的特征及其存在的问题，并对各类政策的运行机理和缺陷进行评析，进而深刻把握政策沿革演化对农地非农化影响的一般规律，为改进现行农地非农化政策调控体系提供理论依据。本书围绕以上问题展开研究，得出了如下几点结论：

(1) 农地非农化政策调控体系的建立，应根据特定国家(区域)的农地非农化问题，有针对性的选取适宜的政策工具，进而建立合理的政策调控框架。中国农地非农化过程有与一般市场经济国家所不同的特点和问题，因而政策类型框架的构建也应反映自身特点并具有一定的针对性。通过分析中国农地非农化的市场结构、配置方式和效率损失，阐明中国农地非农化过程中存在的问题：市场失灵和政府失灵,及其由此引发的效率损失:过度性损失Ⅰ和过度性损失Ⅱ,进而揭示问题产生的根源——经济市场和政治市场主体行为的外部性及其相应的衍生效应。在辨析中国农地非农化问题实质的基础上,探讨中国农地非农化外部性问题的解决途径。提出采用公共规制政策的类型框架,以内生性政策调控解决市场主体行为的外部性问题,以外生性政策调控解决政府行为的外部性问题,综合运用各种规制工具,实现农地非农化的最优外部性解。以上研究框架的建立对有效解决中国农地非农化过程中存在的问题和正确评判现行中国农地非农化政策调控体系,均具有重要的理论价值和研究意义。

(2) 农地非农化政策调控工具的选择应适应政策环境阶段性变化的要求。政策环境不仅向政策调控体系提出政策服务的信号,而且还提供政策结构和政策价值取向的选择趋势。因而中国农地非农化的政策调控也必须根据各阶段社会经济发展状况和农地非农化特点适时调整政策调控的类型框架。通过对 1949 年～2007 年中国农地非农化政策调控的梳理以及阶段性特征的分析表明:

① 中国农地非农化政策调控的沿革演化具有显著的阶段性特征,且与中国社会经济发展状况和农地非农化特点的阶段性变化紧密相关,但政策调控整体框架的协调性有待改善。从政策调控发展的整体脉络而言,中国政府一直较为重视内生性调控政策的建设。自改革开放以来四个时期的政策调控演化特征分析可以看出,内生性调控政策逐步经历了“确立→规范→强化→改良”的变迁历程,政策体系相对成熟。其中,又以行政性规制政策的强度和力度最为显著,社会性规制政策次之,而经济性规制政策的力量较弱。与之相对,外生性调控政策的建设相对薄弱,自 2000 年后才受到重视并逐步得到拓展。由此推断,未来中国农地非农化政策调控的改革,应增加经济性规制政策在内生性调控政策中的份额,同时加强外生性调控政策的自身建设,促进政策调控体系的协调、稳定和健康发展。

② 中国农地非农化的政策调控在控制农地非农转用过程中发

挥了一定的积极作用，但政策调控整体框架在适应社会经济发展和农地非农化状况变化的能力方面明显不足。主要表现在两个方面：一方面是由于政策本身的内在缺陷导致的问题，即内生性调控政策的缺陷导致的政策问题，如：政策的择定扭曲与持续性偏差、利益的产生与政策的适应性变化、政策实际供给的滞后性与短期化倾向；另一方面是由于政策的外生变量导致的问题，即外生性调控政策的缺陷引发的问题，如：政策的双重目标模式与协调的困境、政策执行的悖论的问题。同时值得注意的是，正像同样具有双螺旋结构的遗传基因具有强大的自我复制功能一样，单一方案的解决往往只能起到扬汤止沸的功效。因而对政策问题的解决必须建立在对两大类型政策问题的整合认识的基础上，才能提出恰当可行的中国农地非农化政策调控改良和完善的思路。

(3) 农地非农化政策调控工具的选择应适应特定时段政策环境对政策工具偏好的特殊性要求。政策环境的特殊性会产生相应的政策调控工具的偏好，而政策调控工具的调整必须及时反映政策环境对政策调控工具的偏好变化，否则政策调控工具的选择将不能适应政策环境变化的特殊性要求，进而导致政策整体效力的下滑。通过对中国农地非农化内生性调控政策和外生性调控政策的内涵特点、运行机理和实施状况的分析表明：

① 中国农地非农化的内生性调控政策在控制农地非农化趋势方面发挥了一定的作用；但就政策本身近阶段发展变化的态势而言，内生性调控政策的各类政策在适应新问题、新变化的能力方面显著滞后，政策的标准、规则和量罚措施已越来越不能满足现时段对政策调控的要求，具体表现在：

——行政性规制。农地非农转用的供地调控政策在整个市场规制政策框架中占有重要地位，这种以供应调控引导农地转用需求的政策调节方式，在市场建设初期、市场发育欠完善阶段发挥了重要的协调作用。“征地制＋批租制”辅以土地储备调节的政策设计符合中国土地双重所有制并存和多重市场体系混杂的社会格局要求，带有明显行政性色彩的供地政策对于应付双重土地产权下的农地非农化交易和理顺多极市场主体间的关系发挥了良好的效用。但是随着中国土地市场化改革的推进，农地价值显化的呼声愈发高涨，集体农地非法入市、土地市场灰色交易状况越发的普遍，在此情况下，行政性规制的施政策略急需调整，放松对土地市场自发交易的过度性管制，调整行政性手段的干预力度，降低制度成本，发挥市场力量，减少由政策设计失误引发的农地非农化配置效率损失，不失为现阶段行政性规制政策改良的较好选择。

——经济性规制。经济性规制政策在整个市场规制政策体系中的份额较低，作用也不显著，这与我国一直采用以行政性规制政策和社会性规制政策为主导的施政方略具有很大的关系。我国运用税费和补偿调节农地非农化收益的手段较为落后，对农地非农化配置收益分配的调节力度较差，不同权利主体之间的农地非农化收益分配显失公平。针对上述问题，必须加快经济性规制政策的改革步伐，一方面提升其在内生性调控政策中的地位，实现以经济手段为主导的政策调控局面；另一方面完善其现有政策设置漏洞和缺陷，保证政策效力发挥。

——社会性规制。中国政府一直较为注重对农地资源的保护，因而社会性规制政策在整个内生性调控政策体系中占有相当份额。而且应该承认，中国政府的农地资源安全保障政策实施对于保护有限的农地资源起到了一定的积极作用，对于控制农地非农转用的严峻态势发挥了良好的控制效力。但是，不可否认，中国的农地保护政策过度侧重数量保护，而对质量保护、结构和布局规划，特别是生态管护等方面的重视程度不够。由此可见，农地非农化社会性规制的改革趋向应加强政策内涵的拓展，将农地质量保护与生态保护纳入政策监管的范畴，充分调动微观层面保障主体的积极性和参与性，最大限度的减少农地非农转用的资源消耗损失。

基于此，内生性调控政策的改革应逐步削弱行政性规制在内生性调控政策中的份额，调整社会性规制的政策导向，加强经济性规制的作用范畴，推进中国农地非农化的内生性调控政策从以行政性规制和社会性规制为主导的政策体系逐步向以经济性规制政策为主导的政策体系过渡。

② 中国农地非农化的外生性调控政策在控制农地非农化趋势方面发挥了良好的作用，但就政策本身近阶段发展变化的态势而言，其对于应付日益复杂的农地非农化政府行为的能力略显不足，主要表现在：

——激励性规制。中国农地非农化配置的政府激励性规制政策，采用了职能定位的激励性规制和农地非农化收益分配的激励性规制政策，目前仍然存在行政委托代理的激励扭曲和分税制的财富聚集效应两个方面的问题。因而必须尽快建立激励相容的绩效考核制度，改善现行行政委托——代理中过长信息链导致的资源配置效率的损失。

——放松规制。中国农地非农化的放松规制尚处于尝试期，现阶段倡导的方式有两种：集体建设用地流转和土地利用规划的公众参与。比较放松规制的运行效果，实践证明，两种探索方式均取得一定的成效，对于加强政府间的协作监督、减少农地非农化配置的政府行为外部性发挥了良好的控制作用。但也必须意识到，目前的放松规制探索仍停留在初级阶段，虽有一个良好的开端，还需要进一步规范完善。

基于此，外生性调控政策的改良应加强激励性规制政策的作用范围，推进放松规制政策的探索与实践，建立激励规制与放松规制并举的中国农地非农化外生性调控政策政策调控体系。

7.2 政策建议

7.2.1 中国农地非农化政策调控施政理念的调整思路

中国正处于经济的快速发展时期,农地非农化是经济发展过程中的必然成本,也就是一种代价性的损失。然而不同于一般的市场经济国家,中国的农地非农化过程受自身市场发育程度、市场结构、政府层级管理模式和土地产权状况等多重因素的影响,还表现出大量农地非农化过度性损失的存在。过度性损失是市场失灵和政府失灵综合作用的结果,但通过对中国农地非农化市场结构和效率损失的分析表明,政府失灵导致的效率损失更为严重。究其原因,经济市场和政治市场主体行为的外部性及其相应的衍生效应成为导致中国农地非农化过程市场失灵和政府失灵的症结所在。针对中国农地非农化过程中的特殊问题,中国农地非农化政策调控的施政理念,即政策目标应进行相应的调整。

中国农地非农化政策调控体系的目标是协调好“吃饭”和“建设”的矛盾,也就是经济发展与农地保护的矛盾。政策调控的重点是解决农地非农化过程中的政府失灵和市场失灵问题,尤其是政府失灵问题。而从目前中国农地非农化政策调控发展的整体脉络来看,政策调控的重心在市场失灵方面,即更为强调内生性调控政策的调节和控制作用,尤其重视行政性规制和社会性规制对农地非农化过程的管制和调节。对政策本应调控的重点——政府失灵问题,即外生性调控政策的调节和控制作用,重视程度不足。由此中国农地非农化政策调控施政理念的调整思路应是:

(1) 排除或减少政府对市场正常运行机制的干预;完善并加强市场化手段的作用范畴;培育微观市场主体,调动其参与农地保护的积极性。进一步促进市场发育,充分发挥市场机制资源配置基础性手段的作用。

(2) 加强农地非农化过程中政府行为,尤其是地方政府行为的监督与管理;建立并健全政府间协作互动的良性竞争与经济激励;推动公众参与的全面发展。进一步完善政府功能,充分发挥政府干预在资源配置中的协作与调控作用。

7.2.2 中国农地非农化政策调控框架的协调性调适策略

政策手段的选择与确定,是一系列的社会、经济和政治因素共同作用的结果,而且,其中特定时段的某些因素对政策的选择可能有着特殊的影响。相应的,政策体系必须响应政策环境的要求,并且能够持续、稳定的解决政策环境的问题。这就要求政策工具的选择不仅需要具备一定的针对性,而且所选择的政策工具之间需要具备一定的协调性。从中国农地非农化政策调控发展与演化的整体脉络来看,政策调控体系的协调性仍有待改善,主要表现在三个方面:第一,政策调控的整体框架中明显侧重于内生性调控政策的发展和建设,与之相对,外生性调控政策的发展和建设明显不足,而目前中国农地非农化过程中的主要问题却集中在外生性调控政策的作用辖区——政府失灵的范畴内,因而政策整体框架的侧重点应适当调整。第二,就内生性调控政策的发展而言,行政性规制政策是资源配置市场发育初期的过渡性产物,随着市场体系的日趋完善,其政策意义和政策能量逐渐减退,其所占的政策份额也应随之削减;社会性规制政策显现农地非市场价值的重要举措,但政策的施政导向存在问题,轻质量保护而重数量保护、轻微观主体作用而重宏观主体作用,政策本身的内涵无法准确释放,政策导向性应适当调整;而作为调节市场主体利益关系的重要举措——经济性规制政策,在内生性调控政策中的份额却相当有限,不能满足农地非农化过程中收益分配调节的重任,政策手段有待完善,政策力度有待加强。第三,就外生性调控政策的发展而言,激励性规制政策和放松规制均处于探索阶段,均属于中国农地非农化过程中政府管理模式破除单一管制模式的有益尝试。就目前的发展态势来看，发挥着积极的作用，但是政策自身力量较为薄弱，政策的设计还有待完善，政策的手段还有待拓展。综上，本书提出中国农地非农化公共政策框架的协调性调适策略：

(1) 中国农地非农化公共政策体系，应从重视内生性调控政策的控制作用向注重外生性调控政策的协调作用转化。

(2) 中国农地非农化的内生性调控政策，应从以行政性规制和社会性规制为主导的政策体系，逐步向以经济性规制政策为主导的政策体系过渡。

(3) 中国农地非农化的外生性调控政策，应从单纯注重政府行为管制的政策体系，逐步向综合运用激励规制、公众参与等多种手段并重的政策体系转化。

7.2.3 中国农地非农化政策调控工具的适应性调适措施

7.2.3.1 促进行政性规制政策的市场化改良

(1) 严格界定土地征用的“公共利益”边界

2004 年 3 月，全国人大通过的《宪法》修正案接受提案的建议将《宪法》第十条第三款“国家为了公共利益的需要，可以依照法律规定对土地实行征用”，修改为“国家为了公共利益的需要，可以依照法律规定对土地实行征收或者征用，并给予补偿”。从目前提供的思路看，宪法修正案规定可以对集体土地进行征用，但并未阐明转用的期限。而且城市土地利用具有不可逆性，所以对于集体农用地转用为城市建设用地应十分慎重，否则如果不明晰征用土地的行使界限，则可能引起农地非农转用的扩大化趋势。

当一种以公共目的拿来的土地最终实际为“私人”使用时，就很难识别它所特定的那种“公共”利益，也难以将政府动机与私人企业家的动机区分开来。在世界范围内，有许多关于政府为了征地如何在公共利用和私人利用或公共利益和私人利益之间划线的做法，大量国家的法律非常详细地列出了被视为“公共利益”的用地目的。从各国经验看,最为清楚的一面是,征地法律必须明确,非常详细与精确,这样人们就能知道他们在其中处于何种位置,以及如何监督和控制官员的任意决定行为。建议我国应当借鉴这类做法,尝试对公共利益和私人利益的边界进行界定,以使其更符合现代市场经济的需要。

(2) 防止非经营性划拨用地进入土地市场,促进经营性划拨用地逐步纳入有偿用地轨道

划拨用地可以分为两类:非经营性划拨用地和经营性划拨用地。

非经营性划拨用地,严格管理,防止其滑入土地市场。对于违规私自进入市场进行交易的,可视具体情况采取以下几种处理方式:①部分征取其土地收益,例如,学校为创收而转租划拨土地使用权的情况;②全额没收其土地收益;③责令转为有偿用地;④收回土地使用权等。

经营性划拨用地,应尽量促使其并入有偿用地轨道,具体可采取以下措施:①采取征收土地使用费、年租金的形式(数额可逐步到位),将其先纳入年租制,条件成熟的,督促其转人出让制;②对于采取变相手段进人市场交易的,可视情况要求其直接转为年租制,或要求其补足地价转为出让制,或划定分配方式,否则不准其进人市场。

(3) 明确土地储备制度的功能和定位,严格界定土地储备的范围,推进土地市场化改革

明确土地储备制度的性质和功能。在实现土地收益、维护国有土地资产保值增值的同时,更加注重土地储备的公共性质和调控职能。土地储备制度不能简单以经济利益最大化为目标,而应通过土地储备制度实现调控市场、保障公共利益的综合目标。在此基础上,科学测算并核定土地储备规模,有计划、有针对性的供应土地,促进土地市场健康协调发展。

严格限定土地储备的范围。在土地一级市场上,由于集体土地

进入市场必须先转为城镇国有土地,政府可以通过土地储备制度实施对一级市场的管理。在二级市场上,土地储备的范围应限定为两类用地:第一类是涉及公共利益的土地,该类土地可以由土地储备机构实施储备和供应。这样既能发挥土地储备制度保证公共用途用地在空间上的落实和在时序上的优先安排,同时也体现了土地储备机构的调控职能。第二类是按有关法律规定应由国家收回的土地,如超过规定时间未开发的闲置土地等,该类土地可以由政府授权土地储备机构收回重新以"招、拍、挂"方式出让。

在完善土地储备制度的基础上,通过土地供应主体多元化、丰富市场交易形式等措施大力发展土地二级市场,深入推进土地市场化进程。

7.2.3.2　加强经济性规制政策的作用范畴

(1) 大力推行土地税制改革,合理调整农地非农化收益分配

改革不合理的税率及税目。①调整土地增值税计税方法,应考虑人工增值、通货膨胀、保有时间及功能用途等因素。计税方法可修正为:计税价格＝转让时地价－原取得时地价×该区物指/100－人工投入费－人工投入增加受益费－转让时所缴纳的税费。同时,应区分不同用地目的使用不同税率,或拉开级别开征,目前四级区分太少,不易形成公平负税原则。②应停征城镇土地使用税,用年租形式取而代之。

进一步完善现有的土地税收体系。不同的税种、税目、税率以及计征方法形成不同土地资源配置方式。①扩大增值税征税范围,具体包括市地、农地、农转非用地。国家征用土地增值与农村农地转为建设用地,以及农村建设用地,按不同的税率、不同的层次类别开征。②耕地占用税应改称为农地占用税,这才更加符合目前农地非农化配置的要求。

设立一些新税种。开征土地利用不当行为税,即惩罚性土地税。对土地闲置征税,规定期限外实行累进制,超过最高规定期可收回并

加以处罚(农地和非农地应区分时间和税率)。

通过以上措施的实施,有助于抑制相关主体追求经济利益而将农地转为非农利用的行为,有利于遏制农地非农化进程,实现土地资源可持续利用的目标。

(2) 实施农地社会生态保护补偿机制,充分显现农地非市场价值

将农地的非市场价值逐步纳入农地价值核算体系,以真正体现集生态价值、经济价值和社会价值为一体的农地总价值,并以此为补偿标准的衡量基点,计算公平的补偿标准,建立真实反映土地市场价值的补偿标准和补偿机制,纠正由补偿标准误差而导致的资源配置效率损失。农地生态保护补偿机制的实质就是将农地社会、生态功能保护的外部性内部化,让受益者支付费用,给保护者进行补贴,从而为农民进行农地社会、生态服务功能的保护提供良好的激励机制。由于传统市场机制的缺陷和农地社会、生态功能的公共属性,仅仅对农地资源保护实施管制措施是不够的,还应当充分调动广大农民的积极性,采取一定的经济激励机制,使农地的所有者或使用者有强烈的动机去维护农地的社会生态服务功能。而享受农地提供的社会、生态服务功能的消费者要为这种需求支付费用。如目前我国对西部退耕还林生态保护补偿机制已建立,国家通过转移支付的方式对农户予以补偿,并给每亩地 50 元的标准补助种苗费。因此,国家可以通过“谁受益,谁付费”向获得农地社会、生态服务的消费主体收取费用,征收生态补偿费,资源税等,将正外部性内部化,并将所收费用根据地方的农地保护、农地非农化等情况予以再分配,刺激农民和当地政府进行农地社会生、态服务功能保护的积极性。这样一来,可以更加真实地体现农地资源的价值,加大农地非农化的经济成本,有利用农地资源的保护。

7.2.3.3 调整社会性规制政策的政策导向

(1) 转换农地保护政策的重点,改革耕地占补平衡制度,完善土

地开发整理制度和土地复垦制度,建立数量保护、质量保护和生态保护并重的农地保护政策体系。①耕地占补平衡制度是具有中国自身特色的一项耕地保护措施,目的是为了实现耕地的有效保护。然而在实际工作中,往往是占用了优质的耕地,却以质量较低的耕地作为补充,这一"占补平衡"实际上并不"平衡"。这种做法实际上降低了耕地的质量,只实现了所谓的数量上的保护,导致了耕地实际生产力的下降。目前改革的思路是合理确定耕地占补平衡的评价标准。根据全国对粮食的动态总需求,确定国内所需粮食动态供给量,并由此确定在平均产出水平条件下各时期所需的耕地总量。由此,建设占用优质良田将不再"占一补一",而是根据所占用耕地和补充耕地的产出能力来决定需补充的数量。②建立土地开发整理的生态环境影响评价制度。作为生态环境系统重要构成要素的土地资源,其开发利用与生态环境的变化也密切相联,对维系生态平衡起着直接和关键性的作用。建议建立区域土地资源开发、复垦、整理的生态环境评价制度,规范人们的土地资源开发利用方式,促进土地资源的可持续利用。③改革现行土地开发复垦制度。设立专门的土地复垦基金,由土地农业生产能力恢复评估公司根据开发者对于土地的破坏情况科学评定应交纳土地复垦基金,然后通过招标等市场化等运作方式将土地复垦项目由具有土地复垦技术的专门公司承担,复垦后的土地再通过市场化的方式转让给农业土地利用者,有关政府部门在这一过程中起监督执行的作用。

(2) 激发微观市场主体农地保护的积极性,构建农地保护的"第一道防线"

农地利用的微观主体在农地保护目标的实现过程中具有重要作用,其态度与利用行为对农地保护产生直接影响。激发微观市场主体农地保护的积极性,构建农地保护的"第一道防线"。

加强对农地保护的经济激励。农民是农地保护的直接执行者,建议政府增设农地保护专项补贴,对基本农田特殊保护区域制定相应的经济激励政策。国家可以组建基金会,设立“农地保护补偿专项基金”,按年支付给保护区农民,补偿他们为农地保护遭受的损失,激励农民保护农地的积极性;也可以采取以“支付放弃耕作选择权”的形式对农民进行补偿,提高那些必须按基本农田保护政策从事农业生产的农民的比较利益,使他们所能获得的收益与选择其他农业生产所能获得的收益不至于相差太大,从而使他们能安心为实现国家粮食安全目标生产,同时也达到了保护耕地目的。

积极引导农民根据市场选择生产。在农地保护方面,政府应及时颁布不破坏农地基本性状的农作物生产指导目录,并积极作好宣传工作,使政府关于农地保护新政策深入到广大农户,鼓励农民根据市场需求在指导范围内合理选择农作物类别。同时,鼓励农民根据市场调整耕作类别,改善土地条件,提高土地生产力,使广大农民逐步成为既能适应市场又能自觉保护农地的现代农民。

7.2.3.4 拓展激励性规制政策的作用范围

(1) 落实科学发展观,转变政府角色,实施“绿色 GDP”考核

地方政府行为缺乏有效约束是转型时期农地非农化低效的主要原因。而政绩考核标准是规范地方政府行为的重要指标。从长期来看,必须明确政府角色定位,加快转变政府职能,改变政府在土地资源配置中既是“裁判员”又是“运动员”的困境。从政策建设角度来看,必须加强对地方政府的行为规范,将地方政府扭曲土地资源配置的程度控制在合理的范围之内。规范地方政府行为,落实科学发展观和政绩观,实施“绿色 GDP”考核办法。

建立绿色 GDP 账户,将地区农地资源纳入到地区财富衡量指标中。在考核地方政府(官员)任期内的工作业绩时,从绿色 GDP 账户中扣除因农地非农化带来的资源损失,借此来改变地方政府在农地非农化过程中的成本函数,诱导其选择更加节约土地资源的经济发展战略、产业结构和布局,来降低单位 GDP 增长耗费的土地资源数量,提高经济增长的质量。

(2) 利用土地基金规范地方政府农地非农化收益

当前地方政府过度干预农地非农化的重要原因在于地方政府可以获得巨额的土地出让收益,并通过投资扩张来推动地区经济增长。因此,规范农地非农化经济收益的使用也是改变地方政府行为的一个重要方面。当前地方政府大力推进农地非农化的一个重要的经济动力就是巨额的土地出让金收益。因此,通过建立土地基金,将当期政府收益的土地出让金的适度比例(例如50%以上)纳入土地基金进行统一管理,并规定在较长的年限以后(例如5年以上)才能由继任的地方政府专项用于土地资源开发和整治,以此来保证农地非农化增值收益"来源于土地、用之于土地",并保证农地非农化增值收益在长期内的均衡使用,遏制地方政府的短期行为。

7.2.3.5 推进放松规制政策的探索与实践

(1) 因地制宜的开展集体建设用地入市

在当今的农村地区,农民集体很显然已经拥有了依法使用土地的权利,并允许在农业用途范围内从事土地使用权的流转。正如中国在几个省进行的改革试点实践所表明的,通过允许集体建设用地在一定程度上进入市场,明确集体建设用地流转的法律基础,并以此作为替代政府征地的一种选择,具有明显的潜在收益。尽管在国务院28号文件中,规定"在符合规划的前提下,村庄、集镇、建制镇中的农村集体所有建设用地使用权可以依法流转。"依法"指《土地管理法》和《物权法》,但实际上到目前为止,这两个法对此均无明确规定,而一些地方迫于建设用地紧张的压力早已经开始了此方面的尝试,如2005年5月广东省政府颁布了《广东省集体建设用地使用权流转管理办法》,规定集体建设用地使用权作价入股(出资),与他人合作、联营等形式共同兴办企业,视同集体建设用地使用权出让。对此行动需要特别注意的是,将强制征地的权力机制从政府转移到集体领导人手中时,必须要让那些受影响的农民直接介入决策过程并接受政府的监督,否则难以保证不会出现征地权被更加滥用的后果。

(2) 设置专门监督机构,加强政府征地出让全过程的监督

其他国家和地区,除设立土地决策、咨询、执行机构外,还专门设立仲裁机构,解决征收者与土地所有者之间的争议,以保证土地征收的合理性与公平性,如日本设立土地征收委员会,香港设立土地审裁处,法国设立征收裁判所等。在我国应借鉴其他国家和地区成功的立法经验,成立专门的土地征收委员会,这一机构专门从事土地征收过程中的裁决事宜,独立于政府机关,具有准司法性,其裁决具有强制执行力。除此之外,充分调动公众、舆论特别是被征地农民的力量,实行机构监督与社会监督相结合的原则,有效保证土地征用、出让行为的合法性和合理性。

参考文献

1. Adachim, Patel K. Agriculture land conversion and inheritance tax in Japan [J]. Reviews of Urban & Regional Development Studies. 1999/11 (2): pp. 127 - 140.
2. Adam Wasilewski, Krzysztof Krukowski. Land Conversion for Suburban Housing: A Study of Urbanization Around Warsaw and Olszyn, Poland. http://www. ceesa de/Discussion papers/DP8 Wasilewski pdf 2002/12/9.
3. Alvin D, Sokolow, Nicolai V. Kuminoff. Farmland, Urbanization, and Agriculture in the Sacramento Region. http://aic. ucdavis. edu/research1/land. html, 2002/12/9.
4. Chengri Ding: Land policy reform in China: assessment and prospects [J]. Land Use Policy,2003/20(2): pp. 109 - 120.
5. Chengri Ding Land policy reform in China: assessment and prospects [J]. Land Use Policy. 2003/ 20(2): pp. 109 - 120.
6. Dae-Sik Kim, Kei Mizuno and Shin taro Kobayashi Analysis of urbanization characteristics causing farmland loss in a rapid growth area using GIS and RS [J]. Environmental Management . 2003.
7. Davis B. Bobrow, John s. Dryzek. Policy Analysis by Design [M]. Pittsburgh: University of Pittsburgh Press. 2001.
8. Firman T. Rural to urban land conversion in Indonesia during boom and bust periods [J] . Land Use Policy. 2000/17(1): pp. 13 - 20.
9. Friedman J, Jimenez E, and Mayo S. The demand for tenure security in developing countries [J]. Journal of Development Economics. 1998 (29): pp. 98 - 185.
10. George P. Brown. Arable Land Loss in Rural China: Policy and Implementation in Jiangsu Province [J]. Asian Survey. 1995 (10): pp. 922 - 940.
11. Hiroshi Mori. Land conversion at the urban fringe: a comparative study of Japan, Britain and the Netherlands [J]. Urban Studies. 1998/35 (9):

pp. 1541 - 1558.

12. Hunan G, Jacoby, Guo Li, et al. Hazards of Expropriation : Tenuere Insecurity and Investment in Rural China [C]. Working Paper. 2001.
13. Kline, Jeffery D. , and Ralph J. Alig. Does Land Use Planning Slow the Conversion of Forest and Farm Lands? [J]. Growth and Change. 1999/30 (winter): pp. 3 - 22.
14. Lester. M. Salamon: The tools of government: An Introduction to the New Governance[M]. New York: Oxford University Press, 2002.
15. Lin G C S, HOSPS. China's land resources and land use change: Insights from the 1996 land survey [J]. Land Use Policy. 2003/20 (2): pp. 87 - 107.
16. Lori Lynch and Wesley N. Musser, A relative efficiency analysis of farmland preservation programs [J]. Land Economics. 2001/77(4) : pp. 577 - 594.
17. Mark W . Skinner et al, Agricultural land protection in China: a case of local governance in Zhejiang Province [J]. Land Use Policy, 2001(18): pp. 329 - 340.
18. Roger Perman, Yue Ma, JamesMcGilvray. Natrual Resource and Environmental Economics [M]. Pearson Education Limited. 2002: pp. 211 - 247.
19. Skinner M W, KUHN R G, JOSEPH A E. Agricultural land protection in China: A case study of local governance in Zhejiang Province [J]. Land Use Policy. 2001/18 (2): pp. 329 - 340.
20. The World Bank Group Data &Statistics. Http:/ /www. worldbank Org/data/wdi/home. html. [EB/OL]. 2003.
21. Tommy Firman. Land conversion and urban development in the northern region of west Java, Indonesia [J]. Urban Studies. 1997/34(7): pp. 1027 - 1046.
22. White, Jeanne S. Beating plowshares into townhomes: the loss of farmland and strategies for slowing its conversion to nonagricultural uses [J]. Environmental Law. 1998/28(1): pp. 113 - 143.
23. 阿兰·兰德尔. 资源经济学——从经济角度时自然资源和环境政策的探讨[M]. 北京:商务印书馆. 1989.
24. 埃莉诺·奥斯特罗姆. 制度激励与可持续发展[M]. 上海:上海三联书店. 2000.
25. 查尔斯·林德布罗姆. 政治与市场[M]. 上海:上海三联书店. 1994.
26. 丹尼尔·F. 史普博著. 余晖等译. 管制与市场[M]. 上海:上海三联书店,1999.
27. (澳)欧文·E. 休斯. 公共管理导论[M]. 北京:中国人民大学出版社. 2001.
28. (美)查尔斯·E. 林德布罗姆. 政策制定过程. 朱国斌译[M]. 北京:华夏出版社. 1998
29. 塞缪尔·P. 亨廷顿. 变化社会中的政治秩序[M]. 北京:生活·读书·新知三联书店,1989.
30. (美)托马斯·戴伊. 理解公共政策. 彭勃等译[M]. 北京:华夏出版社. 2004.

31. (日)野口悠纪雄. 土地经济学[M]. 北京:商务印书馆. 1997.
32. (日)植草益. 微观规制经济学[M]. 北京:中国发展出版社. 1992.
33. 蔡运龙. 耕地非农化的供给驱动[J]. 中国土地. 2002(7): pp. 20—22.
34. 蔡运龙. 中国农村转型与耕地保护机制[J]. 地理科学. 2001(1): pp. 1—6.
35. 陈江龙,曲福田. 海峡两岸农地数量变化的比较研究[J]. 地域研究与开发. 2003(2): pp. 43—46.
36. 陈江龙,曲福田. 土地征用的理论分析及我国征地制度改革[J]. 江苏社会科学. 2002(2): pp. 55—59.
37. 陈江龙,曲福田等. 农地非农化效率的空间差异及其对土地利用政策调整的启示[J]. 管理世界. 2004(8): pp. 37—42.
38. 陈利根,陈会广. 土地征用制度改革与创新:一个经济学分析框架[J]. 中国农村观察. 2003(6): pp. 40—47.
39. 陈利根,陈会广. 经济发展、产业结构调整与城镇建设用地规模控制——以马鞍山市为例[J]. 资源科学. 2004(6): pp. 137—145.
40. 陈秀芝,等. 农地非农化与可持续土地利用规划——基于农地非农化调控机制的分析[J]. 西北农林科技大学学报. 2004/4(5): pp. 38—40 .
41. 陈振明. 政府治理工具研究与政府管理方式改进[J]. 中国行政管理. 2004(6): pp. 43—48.
42. 程琴等. 土地利用总体规划的公众参与研究[J]. 农村经济. 2005(7): pp. 45—48.
43. 戴卫平,顾海英. 试述我国的土地批租制度及其改革[J]. 新疆大学学报(社会科学版). 2004(4): pp. 23—26.
44. 邓大才. 农地交易:政府失灵与市场缺位[J]. 国家行政学院学报. 2004(1): pp. 50—53.
45. 邓大才. 制度失灵:农地交易失控之源[J]. 调研世界. 2004(2): pp. 35—37.
46. 邓红蒂等. 土地利用规划中公众参与的实践与分析[J]. 中国土地科学. 2005(3): pp. 8—14.
47. 丁光伟等. 我国农用土地资源变化的驱动力分析[J]. 国土开发与整治. 1997(3): pp. 31—34.
48. 樊志全. 全国土地利用变更调查报告(2005)[M]. 北京:中国大地出版社. 2006.
49. 封志明,刘宝勤,等. 中国耕地资源数量变化的趋势分析于与数据重建: 1949～2003. 自然资源学报. 2005(1): pp. 35—44.
50. 耕地司、规划院联合调研组. 征地安置专题调研报告[M]. 北京:中国大地出版社. 2002.
51. 韩乾,等. 都市扩张用地与农地竞用冲突现象研究[J]. 中国土地科学. 1996. 10(6): pp. 18—19.
52. 候东民. 对我国土地管理体制改革的基本认识与建议[J]. 中国・人口资源与环境. 2002(5): pp. 20—22.

53. 黄烈佳,张安录. 农地价值与农地城市流转决策若干问题探讨[J]. 地理与地理信息科学. 2006(2): pp. 88—91.
54. 贾生华,张宏斌. 中国农地非农化过程与机制实证研究[M]. 上海:上海交通大学出版社. 2002.
55. 克劳斯·丹宁格. 促进增长与缓解贫困的土地政策(世界银行丛书)[M]. 北京:中国人民大学出版社. 2007.
56. 李明清,吴庆田. 我国农村土地保护机制的缺陷与土地保护信托机制创新研究[J]. 生态经济. 2007(2): pp. 37—41.
57. 李印军等. 实现耕地总量平衡并不意味着就能保障农业持续发展[J]. 经济研究参考. 1999(16): pp. 22—23.
58. 李元. 中国土地资源(第一卷)[M]. 北京:中国大地出版社. 2000.
59. 刘慧芳. 论我国农地地价的构成与量化[J]. 中国土地科学. 2000(3): pp. 15—18.
60. 刘祯. 对我国农村土地保护现状的实证分析[J]. 北京农业. 2007(7): pp. 63—66.
61. 刘正山. 分税制与解决土地财政之道[J]. 21 世纪经济报道. 2006(9): pp. 4—8.
62. 鲁明中等. 我国耕地非农占用及其发展趋势分析[J]. 经济理论与经济管理. 1998(1): pp. 54—58.
63. 鲁明中等. 我国经济发展与耕地占用[J]. 管理世界. 1996(5): pp. 170—174.
64. 陆文彬,吴群等. 我国耕地变化及其成因的研究[J]. 国土资源科技管理. 2007(2): pp. 7—11.
65. 欧名豪,谌明. 土地利用规划需要公众参与[J]. 中国土地. 2001(11): pp. 27—29.
66. 欧名豪. 土地利用总量规划控制中的城乡建设用地规模问题[J]. 华中农业大学学报. 2000(4): pp. 51—54.
67. 钱文荣. 中国城市土地资源配置中的市场失灵、政府缺陷与用地规模过度扩张[J]. 经济地理. 2001(4): pp. 456—460.
68. 钱忠好. 耕地保护的行动逻辑及其经济分析[J]. 扬州大学学报(人文社会科学版). 2002(1): pp. 32—37.
69. 钱忠好. 土地征用:均衡与非均衡——对现行中国土地征用制度的经济分析[J]. 管理世界. 2004(12): pp. 50—59 .
70. 钱忠好. 农地承包经营权市场流转的困境与乡村干部行为[J]. 中国农村观察. 2003(2): pp. 10—13.
71. 钱忠好. 中国农地保护:理论与政策分析[J]. 管理世界. 2003(10): pp. 60—70.
72. 曲福田,冯淑怡. 土地价格及分配关系与农地非农化经济机制研究——以经济发达地区为例[J]. 中国农村经济. 2001(12): pp. 54—60.

73. 曲福田,吴丽梅.经济增长与耕地非农化的库兹涅茨曲线假说及验证[J].资源科学.2004(9): pp.61—67.
74. 曲福田.制度安排、价格机制与农地非农化研究[J].经济学(季刊).2004/4(1): pp.229—248.
75. 曲振涛,杨恺钧.规制经济学[M].上海:复旦大学出版社.2006.
76. 石晓平,曲福田.经济转型期的政府职能与土地市场发育[J].公共管理学报.2005(1): pp.73—77.
77. 谈明洪,吕昌河.城市用地扩展与耕地保护[J].自然资源学报.2005(1): pp.52—58.
78. 谭荣,曲福田.自然资源合理利用与经济可持续发展[J],自然资源学报.2005(11): pp.797—805.
79. 汪晖.城乡结合部的土地征用[J].中国农村经济.2002(2): pp.40—46.
80. 田光进,庄大方,刘明亮.近10年来中国耕地资源的时空变化分析[J].地球科学进展.2003(18)1: pp.30—36.
81. 王定祥,李伶俐.城镇化、农地非农化与失地农民利益保护研究[J].中国软科学.2006(10): pp.20—31.
82. 王万茂,余庆年.耕地总量动态平衡的实施途径构想[J].中国人口·资源与环境.2001(3): pp.62—67.
83. 王万茂.土地资源部门间分配与耕地保护[J].中国土地科学.1997(2): pp.23—27.
84. 王小映.论我国农地制度的法律建设[J].中国农村经济.2002(2): pp.12—18.
85. 王雅丽,毕乐强.公共规制经济学[M].北京:清华法学出版社.2005.
86. 韦素琼,陈健飞.闽台耕地非农化及关联因子的比较研究[J].自然资源学报.2004(9): pp.568—576.
87. 温铁军,朱守银.土地资本的增殖收益及其分配——县以下地方政府资本原始积累与农村小城镇建设中的土地问题[J].中国土地.1996(4): pp.24—27.
88. 温铁军,朱守银.政府资本原始积累与土地农转非[J].管理世界.1999(5): pp.12—19.
89. 吴次芳,等.制度缺陷与耕地保护[J].中国农村经济.2002(7): pp.69—73.
90. 许月明,梁山.耕地损失的成因及对策研究[J].经济问题.1997(11): pp.41—44.
91. 严岩,赵景柱.中国耕地资源损失的驱动力分析[J].生态学杂志.2005 (7) : pp.817—822.
92. 杨国良,彭鹏.农业发展与土地非农化[J].资源科学.1996(1) : pp.36—40.
93. 叶艳妹,吴次芳.土地产权制度与耕地保护[J].中国土地科学.1997(6): pp.24—27.
94. 臧俊梅,王万茂.我国基本农田保护制度的政策评价与完善研究[J].中国人口・资源与环境. 2007(2): pp. 105—111.
95. 翟文侠,黄贤金. 我国耕地保护政策运行效果分析[J]. 中国土地科学. 2003(2): pp. 8—13.
96. 张安录,等. 美国城市化过程中农地城市流转与农地保护[J]. 中国农村经济. 1998(11): pp. 74—76.
97. 张安录,毛泓. 农地城市流转途径、方式及特征[J]. 地理学与国土研究. 2000(2): pp. 17—22.
98. 张安录. 城乡生态经济交错区农地城市流转机制与制度创新[J]. 中国农村经济. 1999(7): pp. 43—49.
99. 张飞,曲福田. 从地方政府之间博弈的角度看土地市场秩序[J]. 经济问题探索. 2005(6): pp. 57—59
100. 张飞,曲福田. 土地市场秩序混乱与地方政府竞争[J]. 社会科学. 2005(5): pp. 21—26.
101. 张宏斌,贾生华. 土地非农化调控机制研究[J]. 经济研究. 2001(12): pp. 50—54.
102. 张全景,欧名豪. 我国土地用途管制之耕地保护绩效的定量研究[J]. 中国人口・资源与环境. 2004(4): pp. 56—59.
103. 郑丽. 我国耕地保护的公共经济理论分析[J]. 理论导刊. 2006(10): pp. 69—72.
104. 中国土地政策改革课题组[J]. 中国土地政策改革:一个整体行动框架. 改革. 2006(2): pp. 6—14.
105. 周超纲,黄贤金. 土地政策构成要素及其环境因素分析[J]. 中国土地科学. 1995(5): pp. 22—29.

附　录

新中国成立以来中国农地非农化的政策调控一览表

颁布时间	发布部门	法律法规文件	主要相关内容
1949.9	中华人民共和国政治协商会议	《中国人民政治协商会议共同纲领》	形成中央政府主导下的，中央政府与地方政府之间的“单向度”命令——服从关系。确立高度的中央集权体制。奠定了中国政府规制政策的基本模式。
1950.6	人大	《中华人民共和国土地改革法》	确立了土地国有与农民私有并存的土地产权制度。
1953.12	政务院	《国家建设征用土地办法》	规定征地办法，实行土地划拨。“征用制＋批租制”供地模式的雏形。1957 年修订后一直沿用到 1982 年。
1954.2	国务院	《关于国营企业、机关、部队、学校等占有市郊土地使用费或租金问题的批复》	规定划拨用地的使用范畴。行政性规制政策的规范。
1954.3	内务部	《关于国营企业、公私合营企业及私营企业等征用私有土地及使用国有土地缴纳契税或税金的几个问题》	划拨用地无偿使用的确定。行政性规制政策的进一步规范。
1958.1	国务院	国家建设征用土地办法(修改版)	进一步强调了国家建设中必须注意节约用地。
1962	国务院		暂时将征用土地的审批权归省、自治区、直辖市掌握。严格国家建设征用土地的审批权。

续 表

颁布时间	发布部门	法律法规文件	主要相关内容
1964	国务院		对征用10亩以下和迁移居民5户以下的(不包括水利、水电工程移民),可区别不同情况将审批权限适当下放到县。
1982.5	国务院	《国家建设征用土地条例》	征地补偿采取“年产值倍数法”,农地非农化配置经济性规制政策的基点。此法一直沿用至今,同时规定将耕地补偿费和安置补助费分开进行计算。
1986.3	国务院	《关于加强土地管理、制止乱占耕地的通知》	组建国家土地管理局,明确规定其职能,加强政府规制。同时要求针对乱占耕地问题进行重点管控。
1986.6	人大	《中华人民共和国土地管理法》	明确农村土地产权制度。规定划拨用地的范围。标志着经济性规制步入了依法、规范的道路。
1987.4	国务院	《中华人民共和国耕地占用税暂行条例》	开征耕地占用税。
1987.9	国务院办公厅转国家土地管理局	《关于开展土地利用总体规划工作报告》	要求各级政府编制土地利用规划。开始尝试运用社会性规制政策引导农地非农化配置。
1987.10	国家计委、国家土地管理局	《建设用地计划管理暂行办法》	对全国年度非农业建设用地特别是占用耕地实行计划管理。非农业占用耕地的计划为指令性计划。
1988.4	人大	《宪法》修正案、《土地管理法》修正案	以法律的形式取消了土地使用权转让的禁令。明确行政性规制政策的市场化改革取向。
1988.9	国务院	《城镇土地使用税暂行条例》	开征城镇土地使用税。
1988.10	国务院	《土地复垦规定》	实行土地复垦制度。
1989.5	国务院	《关于加强国有土地使用权有偿出让收入管理的通知》	规定土地使用权有偿出让收入的分配配额(40%上交中央财政,60%留归地方财政)。将经济激励规制引入政府规制政策中。

续 表

颁布时间	发布部门	法律法规文件	主要相关内容
1989.9	财政部	《国有土地使用权有偿出让收入管理暂行实施办法》	国有土地使用权出让收入与城市土地开发建设费用实行收支两条线方式管理。进一步加强政府规制的经济激励。
1990	国务院	《中华人民共和国城镇国有土地使用权出让和转让暂行条例》	对土地使用权出让转让、出租、抵押、终止及划拨作明确规定。
1992.2	国务院	转批国家土地管理局、农业部《关于在全国开展基本农田保护工作的批示的通知》	明确提出基本农田保护这一概念,要求在全国开展基本农田环境保护。
1992.2	国家土地管理局	《划拨土地使用权管理暂行办法》	进一步规范划拨用地的使用范畴。
1992.3	财政部	《关于进一步加强国有土地使用权有偿出让收入管理工作的通知》	要求地方政府按规定向中央财政上交国有土地使用权出让收入。政府规制经济激励的加强。
1992.11	国务院	《关于严格制止乱占滥用耕地的紧急通知》	针对耕地浪费严重的现象提出治理整顿措施。标志着社会性规制政策进入强化阶段。
1992.12	财政部	《关于国有土地使用权有偿使用收入征收管理的暂行办法》	第一次将出让土地使用权所得称为"土地出让金",并将上交中央财政部分的比例,下调为5%。经济激励措施的调整。
1992.12	国务院办公厅	《关于严禁开发区和城镇建设占用耕地撂荒的通知》	矛头直指开发区和城镇扩展占用耕地问题。
1993.7	全国人大常委会	《中华人民共和国农业法》	明确承认了土地承包经营权的法律地位。同时规定县级以上各级政府应当划定基本农田保护区,并实行特殊保护。
1993.12	国务院	《中华人民共和国土地增值税暂行条例》	决定自1994年1月1日起在全国开征土地增值税。
1994.7	人大	《中华人民共和国城市房地产管理法》	出让国有土地共有四种方式:协议、招标、拍卖、挂牌。城市规划区内的集体所有的土地,经依法征用转为国有土地后,该幅国有土地的使用权方可有偿出让。

续 表

颁布时间	发布部门	法律法规文件	主要相关内容
1994.8	国务院	《基本农田保护条例》	确定了基本农田的定义和划定以及分级，规定了建设占用基本农田的审批权限。
1995.1	财政部	《中华人民共和国土地增值税暂行条例实施细则》	明确规定土地增值税的征收细则。
1997.5	中共中央国务院	《关于进一步加强土地管理切实保护耕地的通知》	强调耕地保护，严格建设用地审批，冻结耕转非一年，农转非收益上缴。开始实行严格的行政性规制政策和社会性规制政策。
1997.5	国家土地管理局	《冻结非农业建设项目占用耕地规定》	规定除三类建设项目外，其他各类非农业建设在冻结期间都不得占用耕地；确实需要占用耕地的，报国务院审批。
1997.10	国家土地管理局	《土地利用总体规划编制审批规定》	规定了国家、省、地、县、乡级土地利用总体规划的编制、评审和报批。加入了对基本农田保护区的规划要求。
1998.3	中共中央办公厅、国务院办公厅	《关于继续冻结非农业建设项目占用耕地的通知》	自1998年4月15日起至《中华人民共和国土地管理法》修改后颁布施行之前，继续冻结非农业建设项目占用耕地。
1998.8	人大	《中华人民共和国土地管理法》(修订)	1999年1月1日实施。加大了对土地违法者的处罚力度。土地用途管制制度代替限额审批制度，实施耕地占补平衡。同时规定新增建设用地的土地有偿使用费的分配额度。国家实行基本农田保护制度，鼓励土地整理。
1998.12	国务院	《中华人民共和国土地管理法》实施条例	突出了土地用途管制和耕地占补平衡。颁布征地补偿、安置方案的相关规定。
1998.12	国务院	《基本农田保护条例》	条例规定了基本农田的划定、保护、监督管理和法律责任等方面。对基本农田保护的布局安排、数量指标和质量要求等提出新的要求。

续 表

颁布时间	发布部门	法律法规文件	主要相关内容
1999.3	国土资源部	《土地利用年度计划管理办法》	规定实施土地利用总体规划,控制建设用地总量,引导集约用地,切实保护耕地,保证社会经济的可持续发展。
1999.6	国土资源部	《土地利用年度计划管理办法》	国家对计划年度农用地(含耕地)转用计划指标、耕地保有量计划指标和土地开发整理计划指标等的具体安排,并逐级下达控制。
1999.8	财政部、国土资源部	《新增建设用地土地有偿使用费收缴使用管理办法》	进一步明确新增建设用地土地有偿使用费的分配额度。适当调整政府规制的经济激励政策。
1999.12	财政部、中国人民银行	《新增建设用地土地有偿使用费有关预算管理的通知》	进一步明确新增建设用地缴纳的土地有偿使用费分配配额。自1999年1月1日起实施。
2000.4	国土资源部、农业部	《基本农田保护区调整划定工作验收办法》	检查基本农田调整划定成果。
2000.12	国土资源部	《关于做好基本农田保护区调整划定工作总结的通知》	推进基本农田变更登记制度。
2001.4	国务院	《关于加强国有土地资产管理的通知》	严格划拨范围,推行土地储备制度。
2001.6	国土资源部	《关于整顿和规范土地市场秩序的通知》	提出土地市场整顿重点,明确六项基本制度。加强供地政策的改革,促进行政性规制的规范化管理。
2001.10	国土资源部	《划拨用地目录》	重新明确划拨用地的具体范围。
2001.10	国土资源部	《征用土地公告办法》	2002年1月执行。规定对征用土地情况、征地补偿标准和农业人员安置途径予以公告。指出征地补偿、安置争议不影响征用土地方案的实施。表明政府规制政策融入更多"民生"要素。
2002.5	国土资源部	《招标拍卖挂牌出让国有土地使用权规定》	规定招标拍卖挂牌出让国有土地使用权具体的内容、规程。
2003.2	国土资源部	《进一步治理整顿土地市场秩序工作方案》	对新《土地管理法》实施以来土地管理和土地交易、使用情况,进行全面治理整顿。

续 表

颁布时间	发布部门	法律法规文件	主要相关内容
2003.6	国土资源部	《协议出让国有土地使用权规定》	协议出让土地的范围、方法及最低价。
2003.9	国土资源部	《国土资源部关于严禁非农业建设违法占用基本农田的通知》	严格执行非农业建设占用基本农田审批制度,加大监督检查力度。
2003.10	国土资源部	《土地开发整理若干意见》	对土地开发复垦工作提出新的要求。
2003.11	国土资源部	《关于进一步采取措施落实严格保护耕地制度的通知》	提出基本农田保护的“五个不准”。
2004.1	国土资源部	《国土资源听证规定》	明确了征地补偿安置听证制度,引进被征地农民参与协商机制。
2004.3	人大	《中华人民共和国宪法》修正案	国家为了公共利益的需要,可以依照法律规定对土地实行征收或者征用。
2004.3	国土资源部、监察部	《关于继续开展经营性土地使用权招标拍卖挂牌出让情况执法监察工作的通知》	限期处理协议出让经营性土地使用权的历史遗留问题。有力遏制了土地囤积和炒作,增加市场有效供地,提高了土地使用效率。从2004年8月31日起,所有经营性的土地一律都要公开竞价出让。
2004.4	国务院办公厅	《关于深入开展土地市场治理整顿严格土地管理的紧急通知》	除急需的重点建设项目用地外,暂停审批农用地转非农建设用地半年。
2004.6	国土资源部、国家发改委	《关于在深入开展土地市场治理整顿期间严格建设用地审批管理的实施意见》	停止审批城市建设用地。对能源、交通、水利和农业、城市公共设施、卫生、教育项目以及国防军事、军工等重点建设项目,半年内可以继续报批。以“区别对待”的方式,缓解“一刀切”调控的弊端。
2004.7	财政部、国土资源部	《用于农业土地开发的土地出让金收入管理办法》	加强对农业土地开发的土地出让金收入管理检查、监督和考核。
2004.8	人大	《中华人民共和国土地管理法》修正案	对征地主体,审批权限和征地的原则进行详细的规定。
2004.10	建设部	关于贯彻落实国务院《关于深化改革严格土地管理的决定》的通知	农用地转用申批解冻后的管理与保障,同时更为强调对失地农民的保障。适时调整新增建设用地土地有偿使用费收取标准。进一步加强土地利用总体规划实施管理。

续 表

颁布时间	发布部门	法律法规文件	主要相关内容
2004.10	国土资源部	关于印发《关于基本农田保护中有关问题的整改意见》的通知	就基本农田保护过程中的数量、质量以及制度建设等问题提出了十九条建议。
2004.11	国土资源部	《关于完善农用地转用和土地征收审查报批工作的意见》	严格控制农用地转用和土地征收报批条件。对违法下放审批权、年度计划指标用完、现有基本农田未落到地块的,继续暂停农用地转用和土地征收报批。完善农用地和土地征收审查制度,强调未及时全额收到征地安置补偿款的被征地农民有权拒绝建设动工。
2004.11	国土资源部	《关于完善征地补偿安置制度的指导意见》	征地补偿的最高限额,以使被征地农民保持原有生活水平;农村集体经济组织和农户对于征地程序有知情权;用地单位应优先吸收被征地农民就业。制定省域内各县(市)征地区片综合地价,实行征地补偿。
2004.11	国土资源部	《土地利用年度计划管理办法》(2004 修正)	严格规定农用地转用计划指标,对计划年度农用地转用量、土地开发整理补充耕地量和耕地保有量,制定了详细的具体措施。首次提出"城镇用地增加与农村建设用地减少相挂钩"的土地利用年度计划管理原则。
2004.12	国务院	《关于深化改革严格土地管理的决定》	规定"调控新增建设用地总量的权力和责任在中央,盘活存量建设用地的权力和利益在地方"。划分了中央和地方的权力与责任,强调地方政府在发展经济的同时,保护耕地、节约合理利用土地的责任。
2004.12	国务院	《关于深化改革严格土地管理的决定》	适时调整新增建设用地土地有偿使用费收取标准;新增建设用地土地有偿使用费实行先缴后分,按规定的标准就地全额缴入国库,不得减免,并由国库按规定的比例就地分成划缴等政策。

续 表

颁布时间	发布部门	法律法规文件	主要相关内容
2005.1	国土资源部	《2005年工作要点》	对建设用地实施“从严从紧”的供应政策。将耕地保有量和基本农田保护面积纳入省长考核指标，实行“行政首长负责制”。强化了中央政府对土地的调控能力。
2005.2	国土资源部	《关于加强和改进土地开发整理工作的通知》	拉开了国家投资土地开发整理项目向基本农田保护区倾斜的大幕。
2005.4	国土资源部、农业部、国家发改委	《关于进一步做好基本农田保护有关工作的意见》	提出6项措施捍卫基本农田这条“红线”。
2005.5	国务院办公厅	转发七部委《关于做好稳定住房价格工作的意见》	通过土地调控措施来保证中低价位、中小套型住房的有效供应。
2006.5	国务院常务会议	提出“国六条”	要求科学确定土地供应规模，加强土地使用监管，制止土地囤积。
2006.5	国务院办公厅	下发“九部委意见”	加大对闲置土地的处置力度，保证中低价位、中小套型普通商品住房土地供应。
2006.7	国务院办公厅	《关于建立国家土地督察制度有关问题的通知》	设立国家土地总督察及其办公室，向地方派驻九大国家土地督察局，监管全国省(区、市)及计划单列市的土地审批利用。
2006.7	国务院常务会议	《进一步加强宏观调控工作》	提高征地成本，预示着土地资源开发走向有序市场化。提出将国有土地使用权出让总价款全额纳入地方预算；调整新增建设用地土地有偿使用费缴纳标准、城镇土地使用税征收标准和耕地占用税征收标准；建立工业用地出让最低价标准统一公布制度。
2006.7	国土资源部	《招标拍卖挂牌出让国有土地使用权规范》、《协议出让国有上地使用权规范》	于8月1日起正式实施。明确提出了“用地预申请制度”。
2006.9	国务院	《关于加强土地调控有关问题的通知》	从八个方面采取更加严格的管理措施，切实加强对土地的调控。

续 表

颁布时间	发布部门	法律法规文件	主要相关内容
2006.11	财政部、国土资源部、中国人民银行	《关于调整新增建设用地土地有偿使用费政策等问题的通知》	决定从2007年1月1日起,新批准新增建设用地土地有偿使用费征收标准将在原有基础上提高一倍。
2006.12	国土资源部	《全国工业用地出让最低价标准》	2007年1月1日起实施。规定工业用地必须采用招标拍卖挂牌方式出让,其出让底价和成交价格均不得低于所在地土地等别相对应的最低价标准。
2006.12	国土资源部	《土地利用年度计划管理办法》(2006年修正)	加强土地管理和调控,严格实施土地用途管制,切实保护耕地,合理控制建设用地总量。
2007.1	国土资源部	根据《国务院关于加强土地调控有关问题的通知》要求,对城市建设用地审批方式做出重大调整	此前由国务院分批次审批的城市农用地转用和土地征收,将从2007年起调整为每年由省级政府汇总后一次申报,待国务院批准后由省级政府负责组织实施、城市政府具体实施。

资料来源:据历年《中国国土资源年鉴》、《中国土地年鉴》、《中国国土资源年报》整理。

图书在版编目(CIP)数据

快速城镇化进程中的农地非农化问题与政策调控研究/金晶著.—上海:上海三联书店,2016.6
ISBN 978-7-5426-5559-2

Ⅰ.①快… Ⅱ.①金… Ⅲ.①农地制度—土地政策—研究—中国 Ⅳ.①F321.1

中国版本图书馆 CIP 数据核字(2016)第 082717 号

快速城镇化进程中的农地非农化问题与政策调控研究

著　　者 / 金　晶

责任编辑 / 冯　征
装帧设计 / 徐　徐
监　　制 / 李　敏
责任校对 / 张大伟

出版发行 / 上海三联书店
(201199)中国上海市都市路 4855 号 2 座 10 楼
网　　址 / www.sjpc1932.com
邮购电话 / 22895559
印　　刷 / 上海叶大印务发展有限公司

版　　次 / 2016 年 6 月第 1 版
印　　次 / 2016 年 6 月第 1 次印刷
开　　本 / 890×1240　1/32
字　　数 / 180 千字
印　　张 / 5.875
书　　号 / ISBN 978-7-5426-5559-2/F·743
定　　价 / 32.00 元